鄭雅文現代詩之佛法衍繹

陳 福 成 著

華文現代詩點將錄
文史哲出版社印行

國家圖書館出版品預行編目資料

鄭雅文現代詩之佛法衍繹 / 陳福成著. --
初版 -- 臺北市：文史哲, 民 107. 08
頁： 公分. （華文現代詩點將錄；1）
ISBN 978-986-314-421-2 (平裝)

1.鄭雅文 2.新詩 3.詩評

851.486　　107012921

華文現代詩點將錄 1

鄭雅文現代詩之佛法衍繹

著　者：陳　福　成
出版者：文　史　哲　出　版　社
http:// www.lapen.com.tw
e-mail：lapen@ms74.hinet.net
登記證字號：行政院新聞局版臺業字五三三七號
發行人：彭　正　雄
發行所：文　史　哲　出　版　社
印刷者：文　史　哲　出　版　社
臺北市羅斯福路一段七十二巷四號
郵政劃撥帳號：一六一八○一七五
電話886-2-23511028・傳真886-2-23965656

實價新臺幣二四〇元

二〇一八年（民一〇七）八月初版

ISBN 978-986-314-421-2　　86101

關於《鄭雅文現代詩之佛法衍繹》（作者序）

新詩出現在中國大約百年，與吾國幾千年詩文學史比較，算是誕生不久，還是個嬰兒吧！但各種論戰、研究已不計其數，正反兩面都有。甚至叫「新詩」或「現代詩」，也是各自表述，有些新詩作品看起來也像散文詩或詩散文。往樂觀看，現代是新詩、現代詩、散文詩的百花齊放年代，大家一起來「實驗」，再實驗一百年有何不可！不是說「實踐是檢驗真理唯一的辦法」嗎？

我不重視形式，我專注內涵，能給人感動，與人共鳴，就是好詩，不管叫什麼？當然，如果你進行學術研究，理當遵守學術規範，使用詞彙應有統一的概念，必須進行概念界定，「新詩」和「現代詩」定義不同。

惟，在本書的書寫，新詩和現代詩視為同義，相同的東西，本書所引鄭雅文小姐的作品，有些看起來也像散文詩．筆者衍繹其內涵，與若干佛法觀念連接，可擴大其賞析和思想範圍。

《華文現代詩》諸詩友，自從今年（二〇一六）元月，辦完「莊老師詩種花園詩友會」我突然發現這九個人雖然尚未形成「團隊」，卻也還能做一點事，若加以鼓舞，進一步「團隊化」，可以幹更大的事，乃至轟轟烈烈的大事，亦有可能。

於是辦完詩友會，我在一次校對會議放出「風聲」，謂「我有一個更大的計畫讓大家玩」，大家好奇，我未說明，因緣不俱足，說了會把人嚇跑的。計畫在二〇一八年本社五週年，同時為本社「三公」八十大壽慶，辦個「空前盛大的活動」，配合活動也大約有二十本書出版（或更多）。其實，我在一年多前就有此構想。

為這五週年慶，我亦計畫為本社九人（鄭雅文、彭正雄、林錫嘉、曾美霞、劉正偉、許其正、莫渝、陳寧貴和筆者），好好寫點東西。八月的一次同仁餐會，大家提議每期寫「華文現代詩點將錄」，由我主筆，正好也和我一向構想不謀而合。當我做完「鄭雅文功課」，她乃成為點將第一人，她是社長，我們的領導。

我並非佛學研究者，也不是有什麼深厚的修行人。不過是這些年接觸到佛光山、法鼓山，聽大師說法，略知一點佛法概念，用來與雅文詩作相互衍繹，還請行家多多指教。

（台北公館蟾蜍山萬盛草堂主人　陳福成誌於二〇一六年九月初）

《華文現代詩》點將錄

鄭雅文現代詩之佛法衍繹

目次

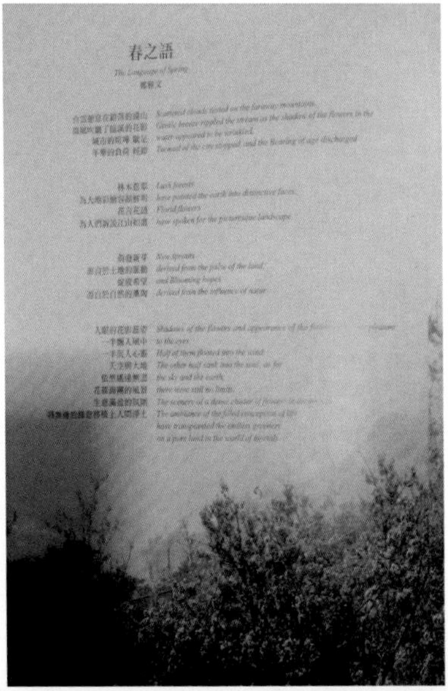

鄭雅文
〈春之語〉
中英對照

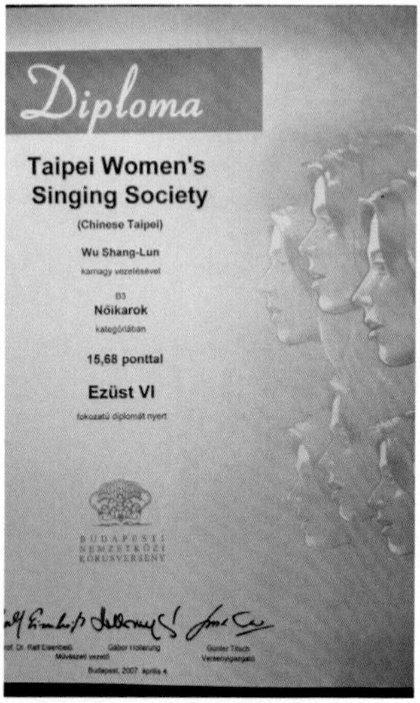

鄭雅文社長代表台北國際崇她一社參加
花蓮國際崇她社第12、13理事長交接典禮

7 照片

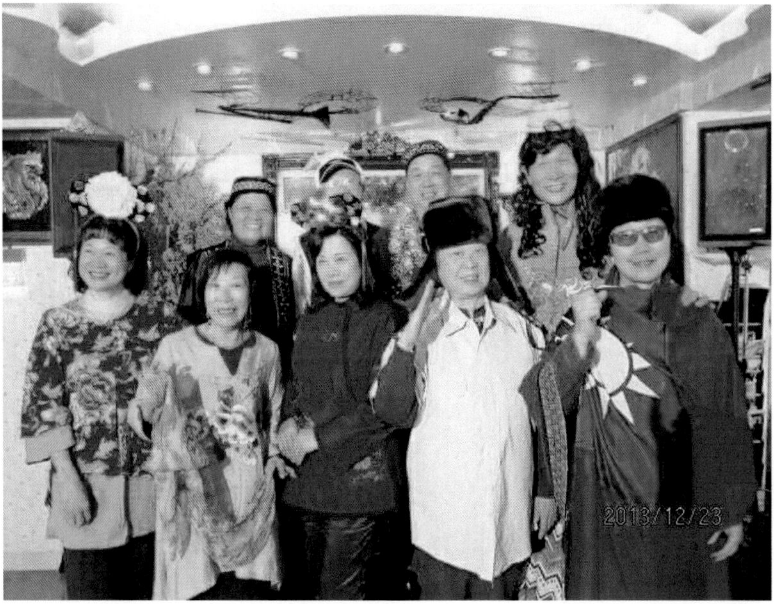
2013/12/23

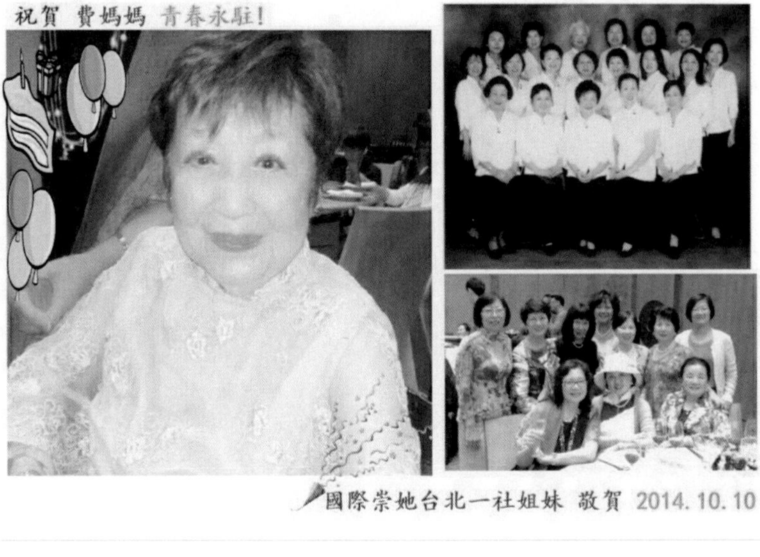
祝賀 費媽媽 青春永駐!
國際崇她台北一社姐妹 敬賀 2014.10.10

華文現代詩團隊鄭雅文邀約於喜萊登用心靈的筆談詩

鄭雅文社長帶領華文現代詩團隊探望九十高齡前輩詩人蓉子

第一章　鄭雅文現代詩之佛法衍繹

認識鄭雅文小姐大約有六七年了，先前她遞給我一張名片上面寫著法易通股份有限公司「55885 專家諮詢室」資深顧問。後來又得知她是「國際崇她臺北一社社長」。鄭雅文社長，她為人和善熱心，常常參加很多公益活動，雖有雍容華貴的光鮮亮麗外表，卻平易近人，一有好康的事，也從來不會忘記我們這群「窮酸詩人」。

之後，我發現她對文藝文化界也頗為投入。例如，她是中華文創學會副法務長、中國文藝協會會務委員會主任委員、新詩學會秘書長、台灣出版協會常務理事等。雖然事務繁忙。平常閒暇之餘，熱愛寫作。

二〇一四年春，一些詩壇好友，鄭雅文、彭正雄、林錫嘉、曾美霞、楊顯榮（不久退出）、劉正偉、許其正、莫渝、陳寧貴、陳福成（即筆者）十人，共商要創立一個可以容納各族群各異文化的詩刊。這年的「五四文藝節」，《華文現代詩季刊》（Chinese

Modern Poetry Quarterly），創刊號誕生了。大家公推鄭雅文小姐擔任詩社社長，名出版家彭正雄先生任發行人，名詩人作家林錫嘉任總編輯，數期後女詩人小說家曾美霞小姐也任副總編輯。其他人多少也分配一些雜物，主要由彭正雄和林錫嘉二人承擔主要責任，詩刊才得以順利按時發行。

在我們的「領導」鄭雅文小姐的主持下，到二〇一六年八月，詩刊竟已發行到第十期，同仁越來越有信心，前景應該是樂觀的。因為大家正在規劃五週年慶，準備要有一翻作為！

從創刊號到第十期，領導雅文小姐每期都有作品刊出（詩、散文、散文詩）。今年（民一〇五）八月初，同仁餐敘中，提議由我從第十一期開始，每期寫一篇「華文現代詩點將錄」，正好我早已有一些初步構思，打算針對本刊同仁作品，有系統的寫些賞析或研究等。我擬訂書寫順序，從「金字塔頂層」開始，那就是從我們的領導鄭雅文小姐的作品開始研究。

在深入研讀雅文作品後，我發現她的詩〈含散文詩〉，極有延伸閱讀的空間。我不想把命題「搞得太大」，故以「衍繹」詮釋之。

〈春之語〉詩，是「無情說法」，有誰能聽懂山河大地、春夏秋冬、花草樹木在「講經說法」？許多人不知道，就算知道也聽不懂。詩人懂「春之語」，故能知「無情」說法。

〈一隻小野兔〉詩，回憶童年，驚覺一個世代過了，反思人生路怎麼走？是否有「退出人生舞台」的準備？

〈小時候〉詩，現代的困惑，一切都變了，正論證「無常」和因緣法，吾人要把握現在，活在當下。

〈孩子與我〉詩，現代家庭教育，倫理啟示錄。當「一夫一妻、一男一女組成家庭」，被法律判定違法，家庭和婚姻制度成為歷史，詩人還擁有親情，這是多麼珍貴！

〈寧靜午後〉詩，真誠美善是「宇宙通行證，阿婆「布施」了一個微笑，微笑的力量比任何武器強大。

〈月夜小徑〉詩，體現中國詩的境界，表現中國式「靜謐」，動靜合一，天人合一，人與自然的合一。

〈樂活〉詩，向銀髮族開示，樂活從改變自己心態做起，珍惜擁有，慷慨布施，欣賞周遭人事，必能樂活享受人生，提昇人生境界。

〈人生也如茶滋味〉詩，人生要隨緣、淡泊、知足，意涵很多中國式的人生哲學和佛法道理，不是只有喝茶。

〈童貞遠離〉詩，是質疑時代變了嗎？警示童貞（真）才是人的「本來面目」。本來面目也是人的「佛性」，不是人人有佛性嗎？為何很多人「遠離」佛性？

〈山居歲月〉詩，人生精彩不在財富數字，而是動人的故事。那些是動人的故事？修福修慧是動人故事，猶月漸圓滿是動人故事，清淨淡然也可以很動人！

〈偶遇〉詩，曾是熟悉的朋友，偶遇竟如陌路，有很多可能！很多想像！也反思人生應如何才能安頓好身心靈。或許，也涉及交友哲學！

數年前，我參加一個法鼓山活動遇到鄭雅文，始知她是虔誠的佛教徒，她不僅參與社會諸多公益，也參與法鼓山公益活動。我雖是佛光山星雲大師座下弟子，但吾亦深悟「佛法不二」，故在我心中，凡「正信」佛教，如法鼓山、佛光山、中台山和慈濟等，其法亦「不二」，我在這幾年所認識的鄭雅文，發現她的生活行誼，涵富著佛法上「不二」的精神，深值大家讚佩和學習。

從《華文現代詩》創刊號以來，雅文發表的所有作品（現代詩、散文詩），每期我都會專心深入的讀。她的詩文，除了是詩文，蘊藏於詩文中的佛法，應該加以「衍繹」，以饗讀者，饒益諸方。

《華文現代詩》誕生兩年多了，大家知道在台灣辦詩刊是虧本的生意，只是詩人的熱情。初期經費困難，都有賴彭正雄和鄭雅文二君支持，才能走過困局。今年開始得到台北市文化局和台灣文學館經費補助，讓詩刊在社長鄭雅文小姐領導下，更有信心開展較大格局，我才有寫不完的「點將錄」。

《華文現代詩》編委　台北公館蟾蜍山萬盛草堂主人　陳福成　完稿於二〇一六年八月底

第二章 〈春之語〉，「無情」說法

「春之語」「春之語言」，誰知道？實際上是無人知曉的，因為春無語，但為什麼詩人鄭雅文知道？還寫了〈春之語〉詩。我的解讀是「無情說法」，「無情」是何方神聖？詩人又怎知「無情」在說法？這有些很深層的意涵要解開！

佛教把世間存在的萬物，分成有情類和無情類。「有情」指有生命的人類和各種禽獸動物等；「無情」指山河大地、自然環境或花草樹木等。

有情說法，師父說、老師說、朋友說……大家聽得懂；蟲鳴鳥叫獸吼，很多人不懂；「無情」說法更別提了，這是指世間一般情況而言。

春花秋月，夏風冬雪，落花流水……也在「講經說法」嗎？誰會相信？我國唐朝禪宗曹洞宗開祖洞山良价禪師和雲巖禪師有一段開悟對話。

洞山良价禪師初次拜謁雲巖曇晟禪師時，問道：「有情說法，說給誰聽？」

雲巖禪師回等：「當然是說給有情聽。」

洞山良价禪師又問道：「無情說法，是誰能聽得到呢？」

雲巖禪師說：「無情聽得到。」

洞山良价禪師又問：「請問雲巖禪師，你能聽到嗎？」

雲巖禪師答道：「如果我可以聽得到的話，那就是法身，你反而聽不到我說法了。」

洞山良价禪師反問道：「為什麼？」

這時雲巖舉起拂塵，問洞山良价說「你聽到了嗎？」

洞山良价答說：「我聽不到。」

雲巖禪師說：「我的說法，你尚且聽不到，何況是無情說的法？」

洞山良价禪師仍不明白，再問：「無情說法出自什麼經典？」

雲巖禪師回答：「《阿彌陀經》不是記載八功德水、七重行樹，一切皆悉念佛、念法、念僧嗎？所以在西方極樂世界裡，就連花草樹木也會宣講阿彌陀佛的佛法。」

洞山良价禪師終於心有所悟，便作偈曰：「也大奇！也大奇！無情說法不思議，若將耳聽終難會，眼處聞聲方得知。」（註①）

是故，無情說法，說有即有，說無便是無。能聽能悟「無情」說法，絕對須要不錯的智慧，更要有不低的悟性，才有可能「感覺」出無情在對你講經說法。眾生之中，絕大多數對無情說法，是不知不覺、無感的，一輩子渾渾爾、噩噩爾！管他有情無情是「蝦米碗糕」！

只有詩人、作家、藝術創作者等這群人類中的「稀有物種」，他們善於觀察宇宙人生之妙理，他們較可能對無情說法有所領悟，並溶於詩歌文學之中。其境界高者可達人與自然的合一（即物化），現在就來賞讀鄭雅文這首〈春之語〉。（註②）

白雲憩息在錯落的遠方
微風吹皺了臨溪的花影
城市的喧嘩　歇足
年華的負荷　輕卸

林大蔥翠

為大地彩繪容顏鮮明
花言花語
為人們訴說江山如畫

萌發新芽
源自於土地的脈動
綻放希望
源自於自然的薰陶

入眼的花影蕊姿
一半飄入風中
一半深入心靈
天空與大地
依然遙遠無盡
花簇錦團的風景

生意滿盈的氛圍

將無邊的綠意移植上人間淨土

首先，這是一首現代詩，應從現代詩語言解讀之，再深入衍繹佛法之意涵。第一段詩人走在春日的某一溪邊，思索著年華漸長，欣賞遠近風光，白雲被擬人化，故能「憩息」，衍繹到佛法，可以解譯成白雲在「說法」；在第二段的無情說法更為明顯，「**花言花語／為人們訴說江山如畫**」，本來是花無言無語，都是因為詩人的心情和悟力，加上想像力讓詩語言長出了翅膀。而林木蔥翠始終在那不動聲色，也因詩人的想像空間延伸，才能為大地彩繪，衍繹至佛法，也就是「無情說法」了！

第三段詮釋春天是新生命的季節，有了生命就有了希望。第四段的前半部詩意很濃厚，「**入眼的花彩蕊姿／一半飄入風中／一半沉入心靈**」，為什麼沒有全部？這裡體現了詩人的謙卑和境界，若全部飄入風中，詩人和外境沒有交流。若全部沉入心靈，詩人的「胃口」也太大了，故以一半一半；而一半一半的言外之意，似說這世界都是黑白各半、好壞各半。

末段形容春景「花簇錦團」，是否故意把「花團錦簇」稍做變動，創造新詞？或只是印刷錯誤！二者語意並無太多差別，倒是最後一行總結春之語，春天是「人間淨土」的示現，這是無情開示吧！佛法本來就認為「淨土」就在人間。

禪宗六祖慧能大師在他的《六祖壇經》中也認為，西方淨土就在自己心裡。只要心裡慈悲、善良，自己就是西方淨土，自性是佛，佛就在自己心中，並不在身外，也不在西方，無須往生西方。東方人造罪，請求往生西方；西方人造罪，又請求往生哪裡！

詩人小結春之無情說法，法旨竟是「**將無邊的綠意移植上人間淨土**」，顯然詩人對佛法和自己的修為，是有領悟、有信心的。這和這幾年我所認識的鄭雅文，已很貼近了。而這「人間淨土」也不是單純的詩語言，至少她心中是真有一片淨土的，不論外境多麼亂，她一心不亂，是因為她心中有一片淨土。

這個道理就像人類自古追求世界和平，而真實的世界永遠不會有和平，世界和平只是一種理想，如佛與魔永遠在世間的對決。所以，吾人只能自我要求，不能要求別人。外境的世界永無和平，但自我內心世界會有和平，等於地藏菩薩「地獄不空、誓不成佛」，地獄是永遠不會空的，但地藏菩薩心裡的地獄是會空的，他是會成佛的。

再論無情說法，我們每個人（所有仍活著的人），每天都在經歷春夏春冬，眼睛張開便看山看海看大地，看草花樹木，誰能領悟出「花言花語／為人們訴說江山如畫」？

你看桃花、我看桃花，有什麼感覺？

> 三十年來尋劍客，幾回落葉又抽枝；
> 自從一見桃花後，直至如今更不疑。

這是唐代靈雲志勤禪師（註③）的悟道詩，有一天看到桃花瞬間頓悟。「三十年來尋劍客，幾回落葉又抽枝」，佛教常以「劍」來引喻斷除煩惱的利器，如文殊菩薩手持寶劍，象徵以智慧劍消滅煩惱的魔軍。靈雲禪師三十年苦心參學，不外求一個「明心見性、煩惱斷除」。這種情形，如同我《華文現代詩》諸君，也是「三十年來尋劍客」，不也是為解惑而問道各方，有的還西行求法（如莫渝到法國），大家悟到了什麼？

「自從一見桃花後，直至如今更不疑」，有一天，靈雲禪師見桃花盛開，瞬間頓悟，領悟到原來自己清淨佛性，就如眼前桃花同樣自然美好，從此心中不再有疑惑。

靈雲禪師雖一見桃花就頓悟，但人的頓悟通常不是「突然」，他前三十年參學就是頓悟的基礎，這是一個簡單的道理。例如愛因斯坦寫出「E=MC2」，鄭雅文寫出「**入眼的花影蕊姿／一半飄入風中／一半沉入心靈**」，都不是全然頓悟那一刻的事，他們之前長久的學習、生活體驗等，都是形成當下頓悟（或有靈感）的基礎。

所以，我相信人的學習、修行過程，從「迷」到「悟」，有一個「必然」的過程。悟絕不是「突然」從天上掉下來，佛陀也經歷了迷悟的過程，這種過程，我國唐代青原行思禪師說的最好。

參禪前
看山是山
看水是水

參禪中
看山不是山
看水不是水

悟道後
看山仍是山

看水仍是水

青原行思（註④）

不論鄭雅文的〈春之語〉無情說法，或行思禪師的山水參禪，都是一個道理。人生歷練學習未達一定層次，春天是春天，山水是山水，與人無關，你不懂春之語，不識山水桃花之本來面目，當然聽不懂「無情」說法。當我們內心去除執著和分別心，山河大地水草鳥獸成了「知音朋友」，知音朋友說什麼你不懂嗎？想必不說也懂，這叫「我見青山多嫵媚、青山見我應如是」。

再三賞析、解讀鄭雅文這首〈春之語〉，按詩解人，詩人到底「悟」了沒？詩人已能懂、能悟「無情說法」，這是可以肯定的，但從「無情說法」到「悟」是有距離的。無情說法是佛語言，轉成詩語言是「物語」，詩人與外境一切存在的對話、交流、融合和統一之情境。例如，寫石頭，詩人就是石頭；寫大海，詩人就是大海；寫山水，詩人成了山水，情溢山水。高明的詩人，在這個「天人合一」情境中，展現其功力。

但「悟」不一樣，悟是覺悟，凡夫與佛的差別在「覺悟」二字。所以，人類雖常被說成「萬物之靈」，也算各種動物最聰明的，但說到「悟性」，多數人還是欠缺的。雖說眾生皆有佛性，惟眾生絕大多數被貪瞋痴慢疑等惡習管控，難以覺悟。若能覺悟便是佛，即「明心見性、見性成佛」。吾國宋朝白雲守端禪師有詩如是說。（註⑤）

若能轉悟即如來，春至山花處處開；
自有一雙慈悲手，摸得人心一樣平。

雖說人上一百形形色色，但相信不論是誰？其人生歷練、修行，若要達到上乘境界，最重要是能從迷轉悟，心念悠悠一轉，從貪瞋痴轉入戒定慧，地獄瞬間成天堂。觀念轉變，有旋乾轉坤之力，轉凡夫為如來。

〈春之語〉一詩，詩人到底悟了沒？我認為是有所悟而尚未轉悟。若她全悟了！悟的徹底！她一定不當《華文現代詩》社長，「轉悟即如來」，出家去了。

是故，我倒希望雅文永遠不要悟，便永遠當《華文現代詩》領導，我喜歡她當領導，在我們的詩刊「有情說法」和「無情說法」。

研究〈春之語〉一詩的環境背景，也發現詩人住在一個山明水秀的地方，過著幸福美滿的生活。我參觀過她住的社區，正是「**白雲憩息在錯落的遠山／微風吹皺了臨溪的花影……生意滿盈的氛圍／將無邊的綠意移植上人間淨土**」，住在人間淨土，能不幸福美滿乎？

其實人間淨土存不存在？還是來自人們的心態、心情和人生哲學。打開《唐詩三百首》，很多寫春天的詩，李白〈春思〉、杜甫〈春望〉、杜荀鶴〈春宮怨〉、皇甫冉〈春思〉、李商隱〈春雨〉、金昌緒〈春怨〉。最感傷則是劉方平的〈春怨〉（註⑥）

> **紗窗日落漸黃昏，金屋無人見淚痕；**
> **寂寞空庭春欲晚，梨花滿地不開門。**

美女在等誰？怨恨誰？詩中有畫畫中詩，梨花由窗外凝視窗內，美女由窗裡眺望窗外，勾勒出美人遲暮、年華老去之哀思；與春色已晚、黃昏日落、空寂的庭院相映。全詩以春怨貫穿，淚濕衫袖，讓人無限感傷！

這些關於春天的喜怒哀樂悲愁，與春天何干？春天只管他的春天，不管人的心思。這一切來自人「心」的轉變，正是所謂「萬法唯心」「相隨心轉」。包含〈春之詩〉詩的無情說法，都是詩人詩心的體現展演。

註釋

① 這段無情說法，可參閱星雲大師著，《迷悟之間》，第二冊。

洞山良价禪師，生於唐憲宗元和二年（八〇七年），唐懿宗咸通十年（八六九年）圓寂，禪宗曹洞宗開基祖。浙江會稽人，曾參禮南泉普願、溈山靈祐、雲巖曇晟等大德，後更歷參魯祖寶雲、南源道明等人。有一天過水見影，豁然開悟，後嗣雲巖之法。敕諡「悟本禪師」，世稱洞山良价或單稱「洞山」。其嗣法弟子有雲居道膺、曹山本寂、龍牙居遁、華嚴休靜、青林師虔等二十六人。尤以本寂之法系，稱作曹山，合稱即為「曹洞宗」。著有《玄中銘》、《豐中吟》、《寶鏡三昧歌》、《洞山語錄》等。

② 鄭雅文，〈春之語〉，《華文現代詩》創刊號（台北：文史哲出版社，二〇一四年五月），頁五八。

③ 靈雲志勤禪師，唐末五代僧，福州長溪人，生卒年不詳。嗣法於長慶大安，初住大溈山，因目睹桃花而悟道，禪林稱「靈雲見桃明心」、「靈雲桃華悟道」。

④ 行思禪師，生年不詳，圓寂於唐玄宗開元二十八年（七四〇年）。吉州安城（江西安福）人，幼年出家，隨六祖惠能大師學法。後住吉州青原山靜居寺，故號「青原行思」，門徒雲集，禪風大振，其流派相對於南嶽下而稱為青原下。其後又衍出雲門、曹洞、法眼三系。僖宗賜諡「洪濟（一作弘濟）禪師，塔名歸真。更詳資料，可參閱星雲大師著，〈證悟之後的生活〉，《人間佛教系列》（八）。

⑤ 白雲守端，生於宋仁宗天聖三年（一〇二五年），神宗熙寧五年（一〇七二年）圓寂。衡陽人，依衡州茶陵郁禪師出家，後參潭州雲蓋志顒禪師。雲蓋歿世後，再參楊岐方會禪師，於其言下開悟。後辭別楊岐，遊歷廬山，應諸方禮請開演禪法，所到之處，四眾雲集。其語錄由弟子輯成《白雲守端和尚廣錄》。

⑥ 劉方平，河南人。白皙美容儀，二十歲便工於詞賦，與元魯山交往，隱居在潁陽大谷中，不出來做官。皇甫冉、李頎等曾以詩和他唱和過，唐才子傳有他的小傳。

第三章 〈一隻小野兔〉，人生如白駒過隙

在佛經《金色童子因緣經》中有一首詩偈，「寢宿過是夜，壽命隨減少，猶如少水魚，斯何有其樂」，詩偈警示，人生如白駒過隙，老病死很快降臨到每個人身上，過了一天壽命就少一天，因此大家要把握時光，努力創造人生的價值。

另在佛經《四十二章經》第三十八章，有一段佛和沙門的問對，「佛問沙門：人命在幾間？對曰：數日間。佛言：子未知道。復問一沙門：人命在幾間？對曰：飯食間。佛言：子未知道。復問一沙門：人命在幾間？對曰：呼吸間。佛言：善哉！子知道矣！

雅文這首〈一隻小野兔〉，只有銀髮詩人才寫得出來，也只有銀髮族讀起來才會有感，好像童年是不久前的事，怎麼一下過了幾十年，甚至就要退出人生舞台的樣子。正如古人所說，人生如白駒過隙！都有前面兩種佛經所述的感覺。到底〈一隻小野兔〉說

了什麼？（註①）

承載著
久遠的記憶！
一幕幕
景象瀝瀝翻飛
依然清晰
孩童時候的趣事！
有一天
父親下班回家
竟然帶回

一隻神似兔兔乙

因此家裡
忽然熱鬧了起來

吾弟整天
抱著愛不釋手一世

二弟只好
目不轉睛緊緊跟隨

小兔子
非常的機靈

趁夜裡大家

熟睡之際給溜了
因此
隔天早晨
二兄弟發現
兔子已不見蹤影
因此還
傷心大半天呢！
轉眼晃去
已過幾十個春夏
新一個

世代已悄悄靠近

我們將功成名就

二〇一四年六月廿一日　Angela

就現代詩的形式的內涵論，這首詩以兩行一段有過於鬆散的感覺，形式上欠缺起承轉合（前言、本文、結論）的思維邏輯。若能以前六行為第一段（前言），末五行為第三段（結論），中間段「有一天……傷心大半天呢！」。如此，看起來結構比較嚴謹，邏輯也比較清楚。而一、三段詩語言豐富，中間段則有散文化之嫌！

第一段前四行起首兼佈局，含蓄會引發更多想像「承載著／久遠的記憶！／一幕幕／景象瀝瀝翻飛」，像一部好電影的開頭，讓人想看下去。詩人把主題放中間段，但這首詩會引起感動和反思是第三段，感嘆人生就這樣瞬間過了，最後一行有些「弔詭」（Paradox）。我們將功成名就嗎？似乎也表示「我們將退出人生舞台」！人生就這樣過了嗎？對很多人來說可能只是「過了」，甚至不知道過了沒有？

來時無影去無蹤，去與來時同一事；
何須更問浮生事，只此浮生是夢中。

這是我國大唐時代鳥窠道林禪師的悟道詩。（註②）要理解這詩，須要一些慧根，因為生就是死，死就是生，生死一如，是同一件事。即然來無影去無蹤，你拿什麼「證明」自己有過一生？你活過嗎？更別提「我們將功成名就」！

再三研讀雅文這首〈一隻小野兔〉，其實是借兔說人生。除了從現代詩欣賞，尚有很多衍繹空間。對我而言，至少有四個對人生的重要反思，有反思才有成長：（一）人生如白駒過隙，我們要清楚自己要追求什麼？（二）反省自己活到現在，到底是否真的「功成名就」？（三）退出人生舞台須要有所準備。（四）人生的學習、修行，永無止境，任何成就都永遠有可能的。

人生如白駒過隙，我們追求什麼？

這是一個古老的命題，也是每一個人存在心中的「永遠疑惑」，人為解決這些疑惑，找到答案，出現各種「理論」。例如，及時行樂派、犧牲享受派、拔一毛以利天下不為派、行菩薩道派、追求財富、革命、造反……三千大世界，無奇不有的人生追求。但人生只是瞬間如陽光白影飄過，又如花開花謝，如寒山大士的詩偈說。（註③）

君看葉裡花，能得幾時好；
今日畏人攀，明朝待誰掃；
可憐嬌姸情，年多轉成老；
將世比於花，紅顏豈長保。

人的一生如南柯一夢，浮生若短，卻有很多「大夢」想要實現。於是我們從小被教育要成功立業、要結婚買房、要前程遠大……不能輸在起跑點上……於是我們從小被迫上補習班、才藝班、科學班……終於上了大學、留了學（很多人成了美國人、倭人、英人、法人……）。原來台灣有很多父母，一輩子辛苦就為了把孩子變成「外國人」……我身邊有很多銀髮族，就有「智者」（有反思能力），反省自己苦苦追求的一生，才發現有一條路「為什麼沒有盡早發現？」真是千金難買早知道，只好怪自己沒慧根。

急急忙忙苦追求，寒寒暖暖度春秋；
朝朝暮暮營家計，昧昧昏昏白了頭；
是是非非何日了，煩煩惱惱幾時休；
明明白白一條路，萬萬千千不肯修。

這是我國明朝念菴禪師的詩禪，說中了世間無數人心中的困惑。這明明白白一條路，萬萬千千不肯修，指的是對佛法的親近和修行。世人絕大多數如〈一隻小野兔〉詩，「轉眼晃去／已過幾十個春夏／／新一個／世代已悄悄靠近」，但並沒有「功成名就」，就將要面臨「退出人生舞台」，沒有好好「利用人身」，不僅可惜，也對不起自己這個難得的「人身」。

到了剩下最後一口氣時，才在兒女耳邊說出最後一句話，這是最後的追求了，「告別式用佛教儀式」，或「幫我皈依在……」。其實這些已是「白做工」，因為來不及了。

（後項再述）

反省人生已追求「到手」的成就

〈一隻小野兔〉末句「我們將功成名就」，這「將」雖指未來式，但已表示「功成名就」已經「到手」，快要完成了，基本上算是功成名就，跑不掉的。例如，已「內定」的部長、董事長，已經「佔缺」的官位，跑不掉了，除非，「煮熟的鴨子飛了」，這絕不可能……

按世俗所謂的「功成名就」，可化約成名和利。名者，名位、名相，頭銜也，如總統、部長、局長、校長、教授、顧問、作家、詩人……總經理、董事長、店長、車長、機長……有無數種。通常頭銜越高，獲利越大，掌權力（政治權、經濟權）愈多，得利更是不可計數。

利者，利益、財富，資源也。舉凡房產地產、公司行號、名車豪宅、基金股票、古玩寶貝……亦是不計其數。凡是一切有形、無形（如關係、人脈）資源，都是財富。

而「名」和「利」通常相輔相成，有了很高地位、很大權力，財富一定會跟著來；反之，有很大財富，就會想要掌握權力（政治權、經濟權），這是人性的必然，例外者極少，就像佛陀放棄王位和財富，出家修行，只有極少智者有此能耐。

所以，詩人「我們將功成名就」句，我依世俗法詮釋，其「名利都已是金字塔的頂層成就」，住得起上億豪宅，開得起千萬名車，能在上層名流中交際應酬。這是世俗中的成就。但佛法說的成就就不一樣，佛經《大寶積經》如是說：

> 一者成就善巧方便，二者成就殊勝意樂，
> 三者成就菩薩正行，四者成就勸讚菩提。

「成就善巧方便」，就是成人之美，幫助別人、服務別人。「成就殊勝意樂」，就是與人相處，要給人快樂、給人歡喜、給人信心，讓人心開意解，感受佛法的殊勝法樂。「成就菩薩正行」，發菩提心、發慈悲心、發大乘心、行善布施都是。除自己力行實踐，也能助人行菩薩正行，這是極大的成就，超越世俗一切名利成就。「成就勸讚菩提」，有人發了「上求佛道、下化眾生」願心，但發心較易，持恒則難，甚有退心。此時，助他一臂之力，讓他不要灰心、不要退心，這是勸讚菩提的成就。

成就，到底什麼是成就？小學生也知道長大要賺大錢、當大官。等到當了大老板、

大官，問他成就什麼？他反而困惑了。許多真理、真相，活到九十歲，不一定明白，到走那一天仍不明不白！

就像吾人給路邊乞丐十元，表相看是你救了他；而真相，是他救了你，他成就了你。說給人聽，很多人不相信，因為他不懂、不明白！明明是我救了他，怎麼變成他救了我？「老子」聽不下去……人是被貪瞋痴慢疑，障礙了他的清淨佛性，就一切都自以為是了。

佛法對成就雖另有所述，亦不反對人們追求世俗財富，主張「君子愛財，取之有道」。當有了財富之後，要有正確的「財富觀」，不能貪得無厭，更絕不能貪污枉法，不能執著、死守錢財，要善用錢財，用於助人、公益、布施等。佛經《大寶積經》如是說：

財物如幻亦如夢，愚痴眾生被誑惑；
剎那時得剎那失，何有智者生愛心。

我常跟朋友說，「錢用了才是自己的，沒用的都是遺產。」「不要人在天堂，錢在銀行。」這些話在「台大退聯會」的小圈圈裡，已傳為「美談」，且已經發生了影響。

人生要盡早有「退出人生舞台的準備」

二〇一四年八月，我參加佛光山「佛學夏令營」，慧開法師的「生死學」課程最吸引大家聽講，法師的一本著作最夯，《生命是一種連續函數》。他回答很多問者的疑惑，強調人往生後要去哪裡？要早做規畫和準備。有大學生問「人死後會去哪裡？」法師反問，「你大學畢業要去哪裡？」都是一個道理，盡早規畫，有所準備，而不是到了「快要最後了」，才臨時決定，都來不及了。

按慧開法師在該書所述，不論現世或死後，影響乃至決定一個人的未來生命，主要有三方面因素：（一）個人過去身、口、意業力所累積的習氣；（二）自己對未來所懷抱的願景、方向和規畫；（三）個人當下的判斷、抉擇以及現在所做的努力。（註③）

雅文〈一隻小野兔〉詩之末句，「我們將功成名就」，除了世俗名利成就外，言外之意尚有退出人生舞台的準備，這是我的衍繹解讀。人都怕死，但有準備、有修行，就可以安然自在面對。

生時所保惜，死則皆棄捐，

常當念如是，一心觀莫亂。

——《坐禪三昧經》——

正是所謂「萬般帶不走、只有業相隨」，對於百年後的生命去向，佛教主張要盡早準備、修行。對於死亡，要能放得下，「生時所保惜，死則皆棄捐」，放下萬緣，才能「一心觀莫亂」。面對死亡也還能自在，這就是修行，有了修行可以不怖於生死，因為明白了生死的真相。

佛不見身知是佛，若實有知別無佛；
智者能知罪性空，坦然不怖於生死。

——《景德傳燈錄》——

這首詩偈透澈的解釋了人生根本問題。「佛不見身知是佛，佛並不在肉體、物質上追求，人的色身是不究竟、有分別的世界。佛陀已進入到「法身」，法身是「遍滿虛空、充塞法界」，具有平等性、普遍性。

「若實有知別無佛」，佛不能以知覺、知識系統來尋找，知覺知識都是有分別心的，有了分別心就找不到佛。佛，在無分別智中，不能透過分別去明白的。

「智者能知罪性空」，經云：「罪性本空由心造、心若滅時罪亦亡」。人生苦樂，都因業（自己的行為）所決定，我們的罪福也都是分別心造就出來，故「萬法唯心造」。

「坦然不怖於生死」，若能明白一切唯心造的道理，就能坦然面對人生，自在面對生死。

人生的學習、修行，求道永無止境

人生如白駒過隙，「依然清晰／孩童時候的趣事……轉眼晃去／已過幾十個春夏」。真是人生苦短。因此，人生要努力學習、修行，各階段宜有不同學習修行求道重點。就一般凡夫來說，四十歲前以學習「知識系統」範圍較佳；之後，以探索普遍性法則為要，如人生之真相、宇宙人生之真理。佛法就是宇宙人生之真理，佛不說，真理亦存在；如地心引力，牛頓不說，地心引力亦存在，我們不能說地心引力是牛頓說的法，只是牛頓發現（悟到）的法。佛法亦是，佛陀強調自己並無所說法。

須菩提！你不要認為我懷著：「我當有所說法」的心念。為什麼？如果有人說如來「有所說法」，那是毀謗佛陀，因為他不能了解我所說的。

——《金剛經》．〈非說所說分第二十一〉——

這是《金剛經》的一段白話譯文，這樣的真理，沒有一定歷練和年紀那裡能懂！當然，世上亦有不少「天才」，十歲能知天文地理，二十歲無所不通，但那不是吾等學習的對象。我大約五十歲左右，在一本《佛教叢書》看到一段佛陀與梵天的對話，非常震驚，為什麼這種真理以前從未聽聞？那是星雲大師的一篇文章，轉述如下，希望有緣的讀者可以分享，並有所領悟。

有一天，佛陀在精舍說法，大梵天從天而降，來到佛陀座前，向佛陀請法。

梵天問：「什麼是最銳利的劍？什麼是最劇烈的毒藥？什麼是最凶猛的火？什麼是最黑暗的夜？」

佛陀答：「惡口是最銳利的劍，貪欲是最劇烈的毒藥，煩惱是最凶猛的火，無明是最黑暗的長夜。」

梵天問：「什麼人獲益最大？什麼損失最大？什麼甲冑攻不破？什麼是最好的武器？」

佛陀答：「布施者獲益最大，貪得無厭、受施不報的損失最大，忍耐是牢不可破的甲冑，智慧是最好的武器。」

梵天問：「什麼是最陰險的賊？什麼是最珍貴的寶藏？什麼是天上人間執著力最強？什麼是最安全的寶物？」

佛陀答：「惡念是最陰險的賊，道德是最珍貴的寶藏，心執著事物的力量最強，無生滅是最安全的寶物。」

梵天問：「什麼最有引誘力？什麼最令人討厭？什麼是最可怖的苦痛？什麼是最大的享受？」

佛陀答：「善是最有引誘力的，惡是令人討厭的，有內疚之心是最可怖的苦痛，解脫是最大的享受。」

梵天又問：「什麼是世間死亡的原因？什麼能破壞友情？什麼是最厲害的熱症？什麼是最好的醫生？」

佛陀回答：「無明是死亡的根本，嫉妒和自私破壞了友情，恨是最厲害的熱症，佛陀是無上醫王。」

梵天想了一想，又問：「現在我還有一個疑惑不明了，祈求佛陀開示。什麼東西是火燒不毀，水浸不爛，風吹不碎，而且還可以再造宇宙？」

佛陀回答道：「是福報。善行的福報，火不能毀，水不能爛，風不能碎，福報可以再造宇宙。」

梵天聽完佛陀的開示，滿懷法喜，作禮而去。

註釋

① 鄭雅文，〈一隻小野兔〉，《華文現代詩》第二期（台北：文史哲出版社，二〇一四年八月），頁一五三。

② 鳥窠道林禪師，生於唐玄宗開元二十九年（七四一年），唐穆宗長慶四年（八二四年）圓寂。牛頭宗僧人，於道欽禪師處契悟心要。後南歸，見秦望山有長松，枝葉繁茂，遂棲止其上，時人謂之鳥窠禪師。敕謚圓修禪師，另可詳見，星雲大師，《星雲說偈》。

③ 寒山，生年不詳，約生於唐周武后天授二年（六九一年），唐德宗貞元九年（七九

三年）。長安人，長期隱居台州始豐（今浙江天台）西之寒岩（即寒山），故號「寒山子」。寒山與國清寺道友拾得，傳說是文殊、普賢菩薩轉世化身，是僧人，也是詩人，亦是菩薩，一生留下很多膾炙人口的作品，世傳有《寒山子詩集》。

④ 慧開法師，釋慧開，俗名陳開宇。建中畢業後，以第一志願考入台大數學系，隨即加入晨曦學社，並成為該社六十三學年度社長。獲美國賓州費城天普大學宗教研究所哲學博士，專研佛教哲學、天台宗教義、宗教哲學、儒家哲學、東西方宗教傳統與生死探索、臨終關懷、死後生命探索。

慧開法師曾任南華大學教務長、學務長、副校長、研發處處長、代理校長、佛光大學佛教學院院長。

現任佛光山寺副住持、南華大學學術副校長、生死學系（所）專任教授、佛光大學佛教教學系兼任教授、台灣生命教育學會理事、台灣生死輔導學會理事長、嘉義市博愛社區大學校長、台中市光大社區大學校長等。

本文退出人生舞台的準備，參閱法師著，《生命是一個連續函數》（台北：香海文化出版，二〇一四年七月，初版三刷），〈人死了以後會去哪裡？——生命的未來出路〉一文，頁五一—五五。

第四章 〈小時候〉現代的困惑

——成住壞空的輪

雅文這首〈小時候〉，我看了很有感覺，因為我們都是「四年級」生，受教育的環境和思維類似，算是同時代的人。從她的詩看，她小時候玩過的東西，我也都玩過，那是一種共同語言、共同遊戲和共同情境。

〈小時候〉做為現代詩，也很可愛、很寫實。但詩外意涵，可以衍繹到「成住壞空、生住異滅」，這是佛法觀點，要深入可寫很多博士論文。要簡單也可以說是宇宙間的自然法則，東西用久了必然會壞的道理。宇宙間萬事物的形成（生出）→存在（成長）→老壞（變異）→滅亡（空無），花開花謝、人生過程、朝代更替、歷史發展、社會變遷，莫不如是，皆是無常。這種一再循環，佛教稱輪迴。人就是在六道中輪迴，要從六道中解脫，不再輪迴，是很困難的，這是另一門甚深功課，非本文論述範圍。

人類歷史發展幾千年來，不論東西方社會風氣，歷代思想家都有世風日下、世態澆薄之感嘆！若是屬實，則人類社會的演化是「退化論」。經二千多年的退化，現在已是禽獸世界，而台灣社會退化得特別嚴重，如〈小時候〉詩句，「**愛情、友情／親情，都遺失了**」，退化成禽獸不如的社會。

愛情友情親情都遺失了，這當然是「詩語言」，而不是「科學語言」。若是科學語言，則現在所有台灣人都是禽獸，我們這些寫詩的也是禽獸，禽獸會寫詩嗎？先來賞讀鄭雅文這首〈小時候〉。（註①）

那些年我們沒有錢
但卻有著快樂童年

小時候
我們沒有 ipad，
不懂 LV

理解不了阿瑪尼。

我們只會
打「昂阿飄」
玩彈珠、打陀螺
彈橡皮筋……

那時候
男孩追女孩
一追
就是好幾年
比的是心

念的是一份情

這年頭
男人追女人

幾天就
抱得美人歸

看的是利
拼的是老爹啊！！

以前我們
春遊燒烤地瓜

坐在一起

談天說地亦幸福。

現在各自
埋頭傳Line。

生活裡
貌似所有人
都不再
那麼無可取代。

滿口忙事業
已被利益薰心了

愛情、友情

親情，都遺失了
特別懷念那……
美好的純真年代。

二〇一四年十月二日。Angela Cheng

兩行一段看起來很鬆散，按內涵改成四段較嚴。「念的是一份情」之前十六行為第一段，「這年頭……老爹啊」六行為第二段，「以前我們……亦幸福」四行為第三段，以下為第四段。這樣各段不定行數，只是頭部有點太大，或者頭部可按語意再分二段亦可，就讓讀者自己去做判斷好了。

整首詩呈現「傳統」與「現代」兩種社會型態的對比，二分法最能給人強烈的感受。從傳統走過來的人（目前銀髮族了），對早年有很多美好的回憶，那時的童玩（彈珠、陀螺、昂阿飄），都是永恆的回憶；那時兩性價值觀，單純、真誠而可愛，那是人類文化演進最有價值的層面，人類思想中很寶貴的東西。

然而，社會演進到現代，未來是福是禍？我也很疑惑。最近一則新聞，台大機械系大學甄選入學第二階段筆試申論題，「家庭是由一男一女、一夫一妻組成」，竟被「蔡英文偽政權」的法律判違法，要裁罰三萬元，（註②）可想而知，台灣社會將要亂成什麼樣子！

這也難怪鄭雅文的詩說，愛情友情親情都遺失了，這是台灣社會嗎？作家作品基本上反映相當程度的社會「現象」。受過方法論（Methodology）訓練的人，會有嚴謹的學術素養，知道現象、理論和定律的不同。對於台灣社會演化至今，是否如詩人所述，愛情友情親情全沒了？我仍相信是「局部現象」，尚未形成「普遍性現象」。若是普遍性現象，台灣就真的退回禽獸世界了。

至於是否會演化成禽獸社會？誰也不知道，只得交給「進化論」以自然法則處理吧！「生物會自己找到出口」（侏儸紀公園最後一句道白）。還是回到詩人的世界，就詩論詩。

第一段是快樂童年的回憶，很寫實，現在中年以上的人看了都有同感。第二段六行，詩鋒迅速轉入現代，現實功利的情境；第三段又回到傳統社會，第四段又到現代的困惑。如此，傳統純樸與現代顛覆，交叉來回掙扎，讓讀者一顆心七上八下，很有感染力。

整體看這首詩，雖在段落上顯得鬆散，但內涵很豐富。白話口語表達，也有不錯的詩意張力和想像力，如「我們只會／打昂阿飄……那時候／男孩追女孩／一追／就是好幾年……這年頭……男人追女人……拼的是老爹啊！」，很諷刺，也很趣味化。但也警示在現代社會，人的情感或兩性關係，全都異化、變質了，到底是福是禍？

〈小時候〉一詩的整體意涵思索，衍繹其未述之意，是佛法的「無常觀」和活在當下。時下銀髮族流行的口語「活在當下」，是佛法很重要的觀點，並非只是一句流行口語。多數人只是嘴巴說說，趕流行，完全看不到身體力行的影子。

一切都在無常中成住壞空的輪迴

世間一切現象，一切存在的事物，如果要找大科學家所說為根據較能服眾，我先請愛因斯坦說，他說：「世人所見時間、空間和物質，都是假相。」愛因斯坦死了幾十年了，照理說現在「民智已開」，但這樣的話隨機說給十個台灣大學生聽，幾人能懂？

我再禮請德國物理學家海森堡（Werner Heisenberg, 1901~1976），他說世間一切都是不可測，許多變項，個人和群體都無法掌控，此謂之「測不準原理」（Uncertainty Principle）。用佛法解釋就是無常觀，一切都是因緣合成。兩位大科學家的說法，應該很有信服力，若有不懂，只好回學校再讀幾年書。或直接找一本《金剛經》專心讀，便印證愛因斯坦和海森堡的「真理」，真理檢驗真理，才論證雙方都是真理。

是故，自有世界以來，歷史是無常的，社會是無常的，人生是無常的，人心也是無常的，傳統社會每一刻亦無常，現代社會亦然，一切都在變化中，人在變化的因緣和業力牽引下，有了各種身口意行為現象的形成。形成之後，成住壞空，生住異滅，又再輪迴。以目前兩岸問題為例，統獨之爭是不止息的，統一後，久了又分裂，分裂久了又統一，而人民就在這無常水火中掙扎、掙扎，生生世世掙扎，百年、千年，台灣人一直在掙扎下去，整體的社會人心永不安寧。只有最後住進「安寧病房」，才終於得以安寧。

> 世間無常燒眾生，猶如劫火毀萬物；
> 無常猶如水泡沫，亦如幻焰無一真。

「世間無常燒眾生」，人活在世間，不論領導將相、販夫走卒，都逃不了無常火的燒毀。「猶如劫火毀萬物」，沒有東西可以永久、永恆不變。「無常猶如水泡沫、亦如幻焰無一真」，《佛本行集經》這樣說，正是愛因斯坦所述「時間空間和物質全是假相」。

深入理解無常觀，我們才懂得珍惜因緣，珍惜人我關係，珍惜時間，珍惜物質，珍惜所擁有的一切。而最重要是珍惜生命，因為人身難得。

> 無常念念如餓虎，有為虛假難久停；
> 宿鳥平旦各分飛，命盡別離亦如是。
>
> ──《心地觀經》──

「有為」是一切所有作為，很快就成為過去。有為法指的是世間一切，生物、無生物、山河大地，總有一天也會毀壞，《金剛經》云：「一切有為法，如夢幻泡影，如露亦如電，應作如是觀。」

一切遲早要壞空，「宿鳥平旦各分飛，命盡別離亦如是」，正是所謂「千山我獨行」。佛經《長阿含經》亦云：「世間無常，人命逝速，喘息之間，猶亦難保。」這些智慧之言，讓我們看清世間的實相就是「無常」，不僅無常，且在無常中輪迴。身為人的我們，完全像德國哲學家叔本華（Arthur Schopenhauer,1788~1860）所說：「很顯然地，人類注定永遠在兩極之間擺盪，不是災難疾病，就是無聊厭煩。」怎麼辦？我們是否集體去跳太平洋？讓所有一切，一了百了！

活在當下，當下最幸福

佛法的無常觀、人生若短觀，許多人誤會成消極意義，以為看破紅塵才出家，這些都不是佛法之本旨。先說一則有關佛陀的故事，某日，有一個人來到佛陀前，問道：「聖者啊！我們住在竹林的茅蓬裡，每天只吃一頓飯，也沒有其他物質享受，為什麼還能這樣快樂呢？」佛陀微笑回答：「不想過去，非貪未來，心繫當下，由此安祥。」佛陀所言，正道出人生幸福之道：安住當下，活在當下。

佛經《金剛經》云：「過去心不可得，現在心不可得，未來心不可得。」即說過去的已成歷史，不會再來，執著何用？未來變數很多，誰能保證一定看見明天的太陽？而現在也變動的，每秒都在變化，當你嘴巴講完「現在」二字，現在已成過去，所以，我們應該好好珍惜當下，活在當下，守好當下這心念，做好當下的事，才是智慧的選擇。

四面湖山鏡裡看，樓船深浸碧波寒；
不知身在冰壺裡，可笑沉酣夢未殘。

—明．憨山德清—

憨山大師（註③）這首詩，告訴我們要活在當下，他一生淡泊知足，深知榮華富貴如「四面湖山鏡裡看、樓船深浸碧波寒」，那壯闊精雕的樓船，如鏡中幻影，隨時都會消失不見。

「不知身在冰壺影、可笑沉酣夢未殘」憨山大師身處戰亂，因此他的詩流露出大慈悲，想要喚醒還在迷夢裡沉浮的世人，要認真活在當下，才是明智之人。

有人問我，「活在當下，當下要做什麼?做什麼最重要?」這是沒有答案的，因為人各有志，有人要革命，有人要造反，活在台灣的人，有一群要搞台獨，他們聲稱「不是中國人」;有一群搞統一，他們堅持「我是中國人」。啊!「凡所有相皆虛妄」，「世間無常，人命逝速，喘息之間，猶亦難保。」所以，我勸兩方人馬，別再鬧了，別在說那些「騙死人不嘗命的話」。當下最要緊的是修行，修習佛法。

人生百歲七旬稀，往事回觀盡覺非;
每哭同流何處去，閒拋淨土不思歸;
香雲瑪瑙階前結，靈鳥珊瑚樹裡飛;

從證法身無病惱，況餐禪悅永忘飢。

—元・楚石梵琦—

「每哭同流何處去、閒拋淨土不思歸」，所謂「眼看他人死，我心急如焚，不是傷他人，看看輪到我。」百年後去哪裡能不早一點準備嗎？及早修行，及早親近佛法，就能洞穿統獨皆如夢如幻，很多煩惱就不見了。

「香雲瑪瑙階前結、靈鳥珊瑚樹裡飛」，這是形容西方極樂世界的美好，但必須修行到解脫六道才能到達西方淨土，這是很難的。

「從證法身無病惱、況餐禪悅永忘飢」，修行到了西方極樂世界，只有「法身」的存在，沒有生老病死，也沒有貪瞋痴慢疑的煩惱。在西方淨土的法身，每天禪悅為食，念佛、念法、念僧，永遠不須為果腹而煩惱。

〈小時候〉已是過去心，回憶也只是虛幻夢境；現在「這年頭……男人追女人」，現在心也不可能，因為「現在的世界」已嚴重的顛覆，什麼心都不可得。何況，「愛情友情親情都遺失了，能得到什麼心呢？一切都在無常中輪迴，只有活在當下，才能創造人生的價值。

做為一個人，我們不能忘記「小時候」，小時候是傳統和歷史。人如果丟了傳統和歷史，就沒有未來，因為你迷惑「我從那裡來？」

〈小時候〉一詩有多元衍繹，從入世觀、出世觀，都有不同詮釋。讀者客倌，你讀〈小時候〉一詩，你感覺到什麼？

註釋

① 鄭雅文，〈小時候〉，《華文現代詩》第三期（台北：文史哲出版社，二〇一四年十一月），頁一〇二。

② 「一男一女、一夫一妻組成家庭」違法，可詳見台灣地區，二〇一六年八月二十六日，各媒體報導。

③ 憨山德清，生於明嘉靖二十五年（一五四六年），明熹宗天啓三年（一六二三年）圓寂。吾國明代四大高僧之一，字澄印，號憨山，謚號弘覺禪師，南直全椒人（今屬安徽）。傳承臨濟宗，為禪宗復興重要人物，與紫柏真是至交。

第五章 〈孩子與我〉，現代家庭教育倫理啟示錄

首先談幾件和主題有關的報導。二〇〇五年九月間，《外交政索》期刊，邀請全球十六位精英（含新加坡李光耀），針對人類社會的未來可能發展討論，諸多領域之一竟是人類「一夫一妻制婚姻」，將在三十年內全面瓦解。（註①）造成這個結局，我認為是人類社會推行民主政治的結果，民主政治有三個核心價值，資本主義、個人主義、自由主義，因為推行的極致產生異化，導至全人類社會解體，造成「地球第六次大滅絕」提前且加速發生，如今已是不可逆。當然，所謂「三十年內全面瓦解」也有程度差別，所謂的「西方民主政治社會」（含台灣），可能三十年左右即瓦解，但伊斯蘭和儒家社會（中國）可能慢些瓦解。

這是蔡英文偽政权的謬論，一夫一妻、一男一女組家庭，違法

一夫一妻違反性平法！哪門倫理！

台大機械系大學甄選入學第二階段筆試申論題，以《聖經》為引言，提到「家庭是由一男一女、一夫一妻組成，這是社會和家庭的律，……」，引發台大學生連署抗議，被教育部性別平等教育委員會裁罰三萬元。

或許社會上主張多元家庭成了另一種觀點，因為明顯與傳統「一夫一妻」背道而馳，只要不以權勢及溢於言表的批判，迫使對方接受與屈服，縱然是在課堂上或演講，以聖經或儒家四書等詮釋「一夫一妻」真諦，也是合理的論述。

如果遽以違反性別平等可以科罰，甚至要求當事人接受性別教育課程研習，毋乃矯枉過正與曲解性別平等的真正精神。

我認為這樣嚴重處分，對台大校方與命題的教授是無妄之災，一定要提出申訴，否則後患深遠。

此例子一開，對學術自由是一大戕害，尤其人文科系的教師，闡述儒家佛道的經典師者，動輒得咎，情何以堪？

對一夫一妻的規範，是一大打擊，今後在課堂或命題、演講論及「一夫一妻」都有可能被告，這哪是維護性別平等？

林泉利（新北市／退休中學公民教師）

2017.八.廿六.11版　人間福報

另一個報導，是「家庭是由一男一女、一夫一妻組成」，被台灣「蔡英文偽政府」的法律判「違法」，我想判決者可能是同性戀者。從同性戀的角度看，「一男一女」組成家庭，確實是「偏見」，因為男男、女女也能組成家庭（假設合法），等於歧視同性戀。

「一夫一妻組成家庭」也違法，難不成一夫多妻或一妻多夫才合法嗎？非也！現在

「同居」（無夫妻之名），也視同「婚姻」，非婚生子女和婚生子女，享有同樣權利。難怪現在流行同居，大家都不結婚了，婚姻制度真的成為歷史名詞。

關於同性戀，我認為只能「尊重存在」，絕不能合法化，美國社會有兩大「地雷」，成為社會亂源，即種族歧視和同性戀合法。此二者，將使社會永無寧日，直到全面崩解，中國社會以儒家文化為主流，應該警戒這種事的發生。有些事情〈很多〉，只能靜靜的、神不知鬼不覺的，私下在房間裡幹，同性戀正是這種事。若不小心見光了，我也主張「尊重」，佛法所述「一花一世界」，每個人都不一樣，一男一女的婚配也不適合所有人。我國古代已有「男不婚、女不嫁」，一家子人快樂無比〈後述〉。

外境的世界越來越亂，內心世界可以不亂；世界永無和平，內心世界可以寧靜和平；「地獄不空，誓不成佛」，地獄是永遠不會空的，但地藏菩薩內心的地獄是可以空的。

所以，當我們這個社會的家庭關係，大多處於緊張或冷漠狀態，嚴重者一家幾口人就在鬧「兩國論」或「三國演義」，乃至「國際戰爭」，親人如仇人。親子間大多生活在不同的世界，根本沒有「蟲洞」可以溝通。當婚姻制度慢慢在崩解中，家庭倫理、教育、親子關係也隨之瓦解。因為這是同一結構體中，不同的組成。但很意外的，在一個小小世界裡，還存在著「溫馨的親子關係」，雅文〈孩子與我〉一詩，除了詩的欣賞，其衍繹之意，我視為現代家庭倫理和教育啟示錄。（註②）

1

透過親子之關係
判斷我三個孩子
其中有一個孩子
會比較親近我們
～這孩子貼心～
～又善解人意～
脾氣好～亦懂事～
彼此合作有默契

2

孩子之所以特別
讓父母親擔心時

此刻家庭的安全
閥門如何把關呢？

這正是雙親們
最大的挑戰耶！！

要給予孩子們
適度學習機會

不宜對子女
作過度的保護……

或者干涉過多
亦勿，過度的期望

3

對孩子而言……
身心靈都要理想
我們更需要學習
當個健康的父母
孩子是獨立
自主的個體。
孩子不屬於
任何人的寶貝……

4

孩子的心靈深處
比父母還更豐富

適應環境的能力
比父母還要強的。

孩子承接了我們
給予的俗事經驗。

讓孩子懂得，要為
自己所為，而負責

父母與孩子要在
同時間成長學習。

5

最關鍵的因素
是要彼此的信任

信任將會協助
孩子釋放能量

父母總是捨不得
讓自己的孩子受苦

更捨不得看見
孩子們受點傷！！

皆然盡己力量
去保護子女的

一心想成為
孩子們的踏腳石。

也許現在還
不到任何的端倪……

但我相信生命會
找到自己的出路。

愛是告訴孩子
他會做的很好
（並非伸出援手）

二〇一四年十一月十九日
華文現代詩刊園丁 Angela Cheng

五大段是筆者為解譯方便的區分。這可以說是一部現代家庭的「媽媽經」，白話口語書寫，詩意較淡，惟甚有啟示作用。現在很多親子關係冷漠、緊張，乃至形同陌路仇人的父母（含子女），若能讀讀雅文這首「詩散文」定能引起一些反思，而使親子關係有所改善。

在同輩的朋友中，甚至中年（三十多到五十歲），我親自聽到不少人說「寧可養狗，也不養兒女」，可見台灣社會「異化」的很可怕。所以，讀雅文這篇〈孩子與我〉，感覺到沉淪的社會保有一點希望；又像漫漫長夜裡，看見一盞小燈光，給人信心啊！

第一段是所有父母最安慰的事，有了貼心又善解人意的孩子，這是極難得的事，萬中不得其一。就像一個男人或女人，要碰上一位「天命情人」，一輩子未必能擁有，沒有幾世修行，絕不可能碰到天命情人。所以，詩人是多麼幸福！每天快樂做公益，沒煩沒惱！

第二段是在「教育」所有身為父母的人，給孩子學習機會，不要過於保護孩子，干涉過多，過度期待。這些說來容易，實踐就難了，所有親子關係造成問題，可以說由這些因素形成。有個女兒穿裙子，約短至膝蓋上一寸，但媽媽不准，堅持要女兒加長到膝蓋下一寸，雙方都堅決不退，最後女兒跟媽媽說：「原來我們的代溝就在這一寸間！」

第三段有很重要的核心概念，「**孩子是獨立／自主的個體**」，很多父母不能理解，其實佛法早已有言，「一花一世界、一葉一如來」。我認識雅文不過幾年，但我想她可能很早接近佛法，否則怎能有這麼好的智慧！

第四段也有一個重要觀念，「**父母與孩子要在／同時間成長學習**」，這也是絕大多數父母想不到、做不到的事。多數父母認為「已經是父母」，不須要再學習「怎樣當父母？」荒唐！孩子懂什麼？殊不知，兩者都要「同步成長」，不學習談何成長？

第五段警示所有父母，使盡力氣保護子女，只會成為孩子的「踏腳石」，日後都有後遺症。正確的做法是「**愛是告訴孩子／他會做的很好**」。最好的教育方法，是認可、肯定和讚美！一定可以給人很大信心！

亞里斯多德說：「每滴水裡都藏著一個太陽。」這和佛說的「一葉一如來」同理，真是智者所見略同。一八五二年秋天，屠格涅夫意外撿到一本破舊雜詩《現代人》，被其中一篇題為〈童年〉的小說吸引，作者是無名小輩。屠格涅夫四處打聽，獲知作者從小父母雙亡，由姑母養大，正參軍去了。

屠格涅夫幾經周折，找到作者的姑母，表達對作者作品的欣賞和鼓勵。姑母寫信告訴侄兒：「連屠格涅夫都極稱讚你，如果你繼續寫下去，前途不可限量。」

作者收信，欣喜若狂。原來他因生活苦悶而信筆塗鴉，並無創作欲望。現在一下子點燃心中創作火焰，於是他堅持一路寫下去，終於成為偉大的文學家。

他就是《戰爭與和平》、《安娜．卡列尼娜》、《復活》的作者，列夫．托爾斯泰。

不僅是自己的孩子，給人一個鼓勵、讚美，可能造就一個「偉人」，這是有可能、有機會的，為何不做呢？

〈孩子與我〉一詩，講的是現代親子關係，父母如何和孩子相處？如何一起成長學習。衍繹到佛法的觀念，以佛法修習，更能建構幸福美滿的家庭。很早佛光山也在推行「佛化家庭」，身為父母須要有些平常心、平等心看待孩子各種行為。

心平何勞持戒，行直何用修禪；
恩則孝養父母，義則上下相憐；
讓則尊卑和睦，忍則眾惡無諠；
若能鑽木取火，淤泥定生紅蓮。

—唐・惠能大師—

這是惠能大師(註③)的〈無相頌〉，仔細觀察現代一些家庭的緊張關係，大約不外如〈無相頌〉所述。「心平」是平等心、尊重心，「行直」是行為端正。身為父母的人，要率先孝養自己的父母，孩子都看在眼裡，他會學習。凡事禮讓、多忍，一家和諧，「鑽木取火」意指持之以恒才有成果。身為父母的，如果不能率先做個「好人」，如何教養孩子？

敬養於父母，不害一生命；
不盜他財物，乃得安穩眠。

—《大般涅槃經》—

這詩偈指出「孝敬」和「奉養」，對父母同等重要。現在有人雖奉養父母（出錢），卻不能孝敬（一年不去看一眼）；或孝敬而不奉養，對孩子都是「不良示範」，孩子培養不出「正當行為」，要貼心善解人意豈不椽木求魚！

佛教重視孝道，《父母恩重難報經》專講孝道。法師也常開示「堂前雙親你不孝、遠廟拜佛有何功？」其實，「佛在靈山莫遠求，靈山就在汝心頭，人人有個靈山塔，好向靈山塔下修。」意思是，即心即佛，身為父母，有點佛心、禪心，必能改善與孩子的關係，因為孩子也是一尊佛，你會「罵佛、打佛」嗎？

現代父母還有另一個煩惱，孩子不婚不嫁，我有一些朋有（含我），小孩三十、四十……還不婚不嫁，讓父母很傷腦筋。這是很多方面（社會、經濟、潮流等）的問題，我只提出一個觀點，婚不婚不重要，地球人口太多了，台灣這小島只適宜住一千萬人左右，應使其自然減少。

家庭中最重要不是生多少人！而是和諧快樂最重要。就以人生言，也不是一定要結婚生兒育女，而是你活出人生的意義沒？

吾國唐代有個龐蘊居士(註④)，有「中國維摩詰」之稱譽，少年時就有探尋生命真相的志向，後參禮石頭、馬祖道一禪師，與當時著名禪者，如百靈、松山、仰山等往來頻繁。

龐蘊後來將數萬家當拋於湘江，帶著妻子、兒子、女兒躬耕於鹿門山下，一家子人簡化生活，一心向道，全家沉浸在禪悅法喜之中，專心一志修行。「有男不婚，有女不嫁，大家團樂頭，共說無生話。」這是幸福美滿的一家人。

龐蘊居士將要放下世緣時，叫女兒靈照到門外觀看時辰，靈照看了回屋內答說：「已經日正當中，而且還是日蝕呢？」龐蘊踏出門外觀看，女兒馬上搶先登上父親座椅，合掌坐化而去。

龐蘊進門一看，知道上了女兒的當，便笑道：「我女機鋒敏捷啊！」於是他延後七天才入寂滅。

州官于由來找龐蘊，討論佛法，龐蘊見時機已至，假裝疲倦，把頭枕放在膝上說：「但願空諸多有，慎勿實諸所無。」講完，就入滅了。

妻子知道龐蘊和女兒都已入寂，嘆息說：「這痴女和無知老漢竟然不告而別，何其忍心啊！」趕緊把這消息告訴在田裡耕作的兒子。兒子聽了，「嘎」的一聲，拄著鋤頭，也立化而去。

這只是一個典故，並非要現代每個家庭向龐家學習。我只想說，一個家庭以和諧快樂最重要，活出人生的意義比結不結婚更重要。自古以來，就有人適婚，有人不適經營婚姻生活。

對於很多家庭關係處於緊張者，不論是夫妻「同牀異夢」，或親子關係已成陌路者。其實，只要有心，都還有救。我有一個朋友，聚會時問道於我：「陳兄，我和兒子已五年不見面、不講話了，向你求教，要怎麼和解？」我說：「我知道你們的事。」我反問：「你信佛教嗎？」他說：「信啊！沒皈依。」其實他信的不是佛教，只是民間信仰。

我說：「佛教徒常說一句話，慈悲沒有敵人，你聽過嗎？」

他說：「聽過。」我告訴他：「那你們問題解決一半了，你兒子是敵人嗎？」他說：「當然不是。」

我再補一句：「不是敵人，就是兒子，你幹麻和自己兒子計較！」

事隔半年，我聽說他和兒子依然「敵我不並存、漢賊不兩立」。那朋友說信佛，只是「拿香跟著拜」，那是「中國民間信仰」，並非「佛教」，更談不上「正信佛教」，因為他並沒有佛法的基本認識。佛法須要一些內省工夫，明心見性，有點禪心、平常心，回歸人的自然本性。

禪心一任蛾眉妒，佛說原來怨是親；

雨笠煙簑歸去也，與人無愛亦無瞋。

——民國・蘇曼殊——

禪心，就是自然心、平常心、不執著心。身為父母若有點禪心，便能帶動一家人的貼心，這須要孩子從小開始做，小時不做，長大便惡習難改了，要「貼心」已比上青天難。

「禪心一任蛾眉妒」，有了禪心才能不動心，對外界的毀謗、嫉妒，就不會太計較。「佛說原來怨是親」，佛教倡導「無緣大慈、同體大悲」，就是冤家也是親人，如此便易於克服家庭婚姻中產生的各種障礙。而能把「五濁世界」，當成人生修行的道場，親子關係當然也是修行的重要課目。

「雨笠煙簑歸去也」，下雨時頂斗笠，在煙雨濛濛中穿著簑衣歸家，回到家就安啦！人有了禪心，佛法就是我們修行者的家。

「與人無愛亦無瞋」，人我關係要保有「無愛」亦「無瞋」的心態，這是因緣觀，強烈的愛憎都很偏激。三祖僧璨大師說：「至道無難，唯嫌揀擇，但莫憎愛，洞然明白。」無愛無瞋就較為中道，不會引起許多衝突，人生的愛恨情仇，也會在禪心裡付之笑談了。

〈孩子與我〉一詩，警示現代婚姻、家庭、親子等場域，重要的倫理和教育，這是現代啟示錄。從詩文衍繹出來，有豐富的佛法意涵，平等心、平常心、因緣觀，**「要給予孩子們／適度學習機會……孩子是獨立／自主的個體……愛是告訴孩子／他會做的很好」**。

三千大世界，一花一世界，一葉一如來，每個人、每個孩子都不一樣。應該讓每個人活出人生的意義和價值，家庭中最要緊是和諧和快樂，雅文這首詩當父母的要好好讀（新手父母更要讀）。

註釋

① 陳福成，〈現代社會外遇思潮研究：社會現象的觀察、判斷與預測〉，《青溪論壇》第一期（台北：台北市青溪新文藝學會，二〇〇八年元月十五日），頁廿一—廿六；另見《中國時報》，民國九十四年九月二十七日，A14版。

② 鄭雅文，〈孩子與我〉，《華文現代詩》第四期（台北：文史哲出版社，二〇一五年二月），頁一三四。

③惠能大師，生於唐太宗貞觀十二年（六三八年），唐玄宗開元元年（七一三年）圓寂。中國禪宗第六祖，號六祖大師、大鑑禪師．范陽（河北）人，在黃梅五祖弘忍禪師處受傳法衣鉢，繼承東山法門。主張「頓悟」法門，影響華南各宗派，人稱「南宗」，與北方同為五祖弟子神秀，並稱「南能北秀」。其生平教說，有門人法海集錄成《六祖壇經》，是所有佛經中，唯一的一部由中國人所著。

④龐蘊居士，生年不詳，唐憲宗元和三年（八〇八年）入寂。字道玄，湖南衡陽人，在家禪者，悟性很高，有「中國維摩詰」稱譽，與傅大士並稱．世人稱他「龐居士」、「龐翁」、「襄陽龐大士」。

第六章 〈寧靜午後〉，拈花微笑

賞讀雅文這首〈寧靜午後〉，我最大的啟示獲益，是再度驗證「微笑是一種力量」這句話，更是世界的「共通語言」。據聞，眾生之中（地球上各物種），只有人類會笑。

常親近佛法的人，一定聽過高僧大德說：「微笑也是一種布施。」布施是行菩薩道的行為之一，有很大的功德，我師父星雲大師最常這樣說，不花錢的布施何樂不為呢？給人一個微笑，可以給人安慰、信心。所以，微笑不僅是一種力量，而且是很大的力量！

到底有多大的力量？有一次，聖嚴法師去拜訪一個家庭，正好遇到那家的長女在夫家受了委曲，回娘家向父母訴說，哭得淚眼婆娑，全家人好言安慰她，她還是一直哭。不久，她的丈夫也來了，只是向岳父母請了安，並朝哭泣的妻子微微一笑，妻便破涕微笑，高興的跟著丈夫回家去了。在一旁的少女，是她的小妹，當她姊姊走後，翹起小嘴，嗯了一聲說：「大姊真是好賤！這樣嚴重的事，怎麼就這樣算了嗎？」

她媽媽說：「ㄚ頭，你還小，你不懂的，這叫無言勝有言，盡在不言中，他們倆人已經沒事了。」

這就是微笑的力量，如果那當丈夫的到了岳父母家，「解釋」一堆，可能帶來更大的誤會或傷害（極可能）；若是言語解釋不夠，又立下書面「保證書」或「悔過書」，問題就更大條了，事情日漸惡化，最後導至家庭的破碎，無法收拾，禍延子女……

我們日常生活，無時無刻都在面對人我、群我關係，與家人、朋友、長官、同事、部屬……乃至不認識的人，只要用心注意，會發現有很多默契同感之處。不見得只有老友，才會有所謂「會心一笑、了然於心」的境界。按我的經驗，朋友之間若各有所求，誠意不足，真心不夠，都難有這種境界。凡是有同樣需求、同類經驗、看法一致，志同道合，真心相待，都會有這樣心有靈犀一點通的情境，這「會心一笑」正是世界各民族的共通語言。

這種會心一笑更像禪宗的「以心傳心」，不用言語，不立文字。賞讀雅文〈寧靜午後〉，那老阿婆的笑容，有如「佛在靈山拈花、迦葉微笑」。

一個風和
日麗的午後

搭乘客運穿越
花蓮的海岸山脈

抵達了濱臨
東太平洋的豐濱

惜驟雨聚至
在煙雨濛濛的海邊

遠山近水全
躲進了雲霧中

好不失望！
此時無人煙踏跡
頗有著：
　千山鳥飛絕
　萬徑人跡滅
　孤舟蓑笠翁
　獨釣寒江雪
之景象 YEAH……

靜浦位於
台東的小魚港
靜靜的沒有人
幾幢低矮的屋宇

似掉落在
地上的木積

稀疏的散佈在
低矮漆黑的小雜貨店

向看守的
阿婆買了魚罐頭
及泡麵沖泡
簡易飽餐一頓

雨還是下著
坐在小雜貨店裡

望著天空
滾滾的濃雲

只有靜默著等待！
老阿婆與我眼神交會

露出了憨厚的
笑容卻無一絲言語

而我卻有著
一絲莫名的愉悅

是感受生命
存在而感動吧！！（註①）

二〇一四年十月二十五日

華文現代詩刊園丁 Angela Cheng

〈寧靜午後〉也像散文詩，遠山近水全「躲進了」雲霧中，「幾幢低矮的屋宇//似掉落在/地上的木積」，都頗有詩意。但詩人旅遊最大的收穫，是和老阿婆眼神瞬間交會，看見阿婆憨厚的微笑，心中生起對生命的感動。這裡是全詩最有感染力的地方，所以我說這一幕正是「拈花微笑」。

關於「拈花微笑」（註②）

「拈花微笑」是佛教史上最著名的公案，我認為也是人類歷史上，微笑所產生最偉大的影響力。佛陀在入涅槃前不久，在靈鷲山頂，對百萬人天及諸比丘宣說：「不久我就要入涅槃了，諸位想要問法的，就快點隨你所想知的問題問罷。」

大眾靜默地坐著。

大眾之中，娑婆世界之主的大梵天王，以千葉妙法蓮金光明婆羅花，雙手捧著，舉過頭頂，奉獻佛陀，退後頂禮，並請示釋尊說：「世尊成佛以來，五十年間，種種說法示教，化度了一切根機的各類眾生。如果尚有最上的大法未說，懇請世尊為我等及將來修菩薩行者，以及欲修佛道的凡夫眾生，敷演宣說。」說完這話，大梵天王即將他自己的身體，化作莊嚴寶座，請如來上坐。

釋尊受此蓮花，坐此寶座，無言無說，但向法會大眾，拈起蓮花。此時百萬人天及比丘眾，大家面面相覷，不知如來拈花，用意何在？唯有長老摩訶迦葉，知世尊所示，是無上法門，所以破顏微笑，從座而起，合掌正立，默然無語。釋尊便向大眾宣示：「這就對了，我有正法眼藏，涅槃妙心，實相無相，微妙法門，不立文字，教外別傳，總持任持，凡夫成佛，第一義諦，今方付囑，摩訶迦葉。」又說：「如今，如來快將滅度了，諸比丘們，都可依止摩訶迦葉，入大乘門，修行佛道。」

以上是佛教「拈花微笑」經過，無上大法不屬於語言文字表達的範圍，故不立文字，無言無說，只有修證到「實相無相」的人，始能領會。拈花之意，是說盡虛空遍法界，哪一樣不是在說最上的大法呢？連剛才獻給如來的蓮花，也是最上大法，所以拈起花給

大家看，只有迦葉與佛接心，故得到佛陀的印可，傳承佛的大法，而為西天第一祖。（見本文末附錄）

後來中國禪宗所說的「西來意」，便是指西天二十八祖，代代傳承這個無言之教。二十八祖達摩東來中國，是謂東土始祖，二祖慧可，三祖僧璨，四祖道信，五祖弘忍，六祖惠能，都以這不言之教的「涅槃妙心」為修證宗旨。

六祖惠能大師講釋《涅槃經》時，無盡藏詰問他：「字尚不識，何能解意？」六祖答：「諸佛妙理，非關文字。」無盡藏（註③）有悟道詩，頗有「拈花微笑」的境界。

終日尋春不見春，芒鞋踏破嶺頭雲；
歸來偶把梅花嗅，春在枝頭已十分。

這首詩偈之意，如佛拈花示眾，大法就在這裡，不須遠求，在汝眼前，在汝心頭。「終日尋春不見春」，芒鞋踏破天涯去找，「歸來偶把梅花嗅」，「春在枝頭已十分」，原來梅花、春意都是佛性、真如、真心。生命的自覺不在遠求、外求；而在心念方寸之間，覺悟了便是「我找到了自己」，就有了境界。

《六祖壇經》記載，有一天六祖大師向眾人說：「吾有一寶物，無頭無尾，無名無字，無背無面，諸人還識得嗎？」神會站出來說：「是諸佛的本源，神會的佛性。」六祖說：「向你說無名無字，你怎喚作本源佛性？」神會挨罵。

微笑，相由心生，一切從心轉

佛菩薩的微笑很單純，凡夫眾生的微笑很複雜。光是「笑」，有譏笑、冷笑、恥笑、狂笑……皮笑肉不笑……只有像〈寧靜午後〉詩中阿婆的微笑，才有正面鼓舞人心的動力，其他都有負作用、殺傷力。但不管正負面，相隨心轉，都來自內心的轉變，惠能大師曾說：「愚人調身不調心，智人調心不調身」。心意改變了，臉色和行為也不一樣，在《華嚴經》有詩偈說：

> 心佛及眾生，是三無差別；
> 諸佛悉了知，一切從心轉。

佛教認為我們的心，包含十個法界，即四聖（佛、菩薩、聲聞、緣覺）和六凡（天、人、阿修羅、地獄、餓鬼、畜生），稱「四聖六凡」。要成為十法界的那一層次，都在心念一轉。所以，星雲大師常鼓舞人們，要勇敢直下承擔「我是佛」，一個人肯承認「我是佛」，還會去幹出很多壞事嗎？「心佛及眾生，是三無差別」，心覺悟了，便是佛；心不覺悟，便是凡夫。「諸佛悉了知、一切從心轉」，十方諸佛都能了知，十法界的一切，都要從心的轉變開始，轉壞心為好心，轉凡心為佛心，當下頓悟並非夢想，《佛本行集經》曰：

> 此身動時由心轉，應先調心莫苦身；
> 身如木石無所知，何故隨心而困體？

「萬法唯心」，也說明心是人體的主宰。阿婆的微笑之所以能感動人，當然也是「相由心生」，內心真誠單純，微笑便有感染力，才會成為一種動力，讓詩人感受生命的存在。

但我相信，詩人行走台北市，也會碰到很多人的微笑，各界學者專家、老闆貴婦、同事伙伴……也有許多微笑，卻從未有所感動。為何？吾以為，可能大都會眾生已受功利影響，心思大多已「不單純」，微笑就少了幾分感動吧！鄉下阿婆較未受現代化各種污染，保有較多「赤子之心」（後章論述），所以阿婆的微笑就有了感動力。

世上有名的微笑，如「濛娜麗沙的微笑」，之所以感動全世界，相信也是真誠和單純的原因，包含作者作品藝術的真誠單純，才能產生真善美的境界。

〈寧靜午後〉一詩，有了阿婆的微笑，全詩有了核心意義，在結構上做了強而有力的收尾，讓「午後」有深意，整首詩就完整了。

中國佛教三期道統的傳承

曹溪普傳 蘭桂騰芳
西天三三祖．東土六祖
慧 能
西天三四祖．東土七祖
南嶽懷讓
西天三五祖．東土八祖
馬祖道一
西天三六祖．東土九祖
百丈懷海
西天三七祖．東土十祖
黃檗希運
西天三八祖．東土十一祖
臨濟義玄
西天三九祖．東土十二祖
興化存獎
西天四十祖．東土十三祖
南院慧顒
西天四一祖．東土十四祖
風穴延沼
西天四二祖．東土十五祖
首山省念
西天四三祖．東土十六祖
汾陽善昭
西天四四祖．東土十七祖
石霜楚圓
西天四五祖．東土十八祖
楊岐方會
西天四六祖．東土十九祖
白雲守端
西天四七祖．東土二十祖
五祖法演
西天四八祖．東土二一祖
圜悟克勤
西天四九祖．東土二二祖
虎丘紹隆
西天五十祖．東土二三祖
應庵曇華
西天五一祖．東土二四祖
密菴咸傑
西天五二祖．東土二五祖
破菴祖先
西天五三祖．東土二六祖
無準師範
西天五四祖．東土二七祖
斷橋妙倫
西天五五祖．東土二八祖
方山慧寶
西天五六祖．東土二九祖
碧峰性金
西天五七祖．東土三十祖
白雲空度
西天五八祖．東土三一祖
古拙原俊
西天五九祖．東土三二祖
無際朗悟
西天六十祖．東土三三祖
月溪耀澄
西天六一祖．東土三四祖
夷峰鏡寧
西天六二祖．東土三五祖
月山知勝、大隨智湖
盧山智素、寶芳智進
鬧池智光、突空智板
西天六三祖．東土三六祖
野翁慧曉
西天六四祖．東土三七祖
無趣清空
西天六五祖．東土三八祖
無幻淨沖
西天六六祖．東土三九祖
南明道廣
西天六七．東土四十祖
普明德用
西天六八祖．東土四一祖
高菴圓清
西天六九祖．東土四二祖
本智明覺
西天七十祖．東土四三祖
紫柏真可
西天七一祖．東土四四祖
端旭如弘
西天七二祖．東土四五祖
純傑性奎
西天七三祖．東土四六祖
慈雲海俊
西天七四祖．東土四七祖
質生寂文
西天七五祖．東土四八祖
端員照華
西天七六祖．東土四九祖
其岸普明
西天七七祖．東土五十祖
弢巧通聖
西天七八祖．東土五一祖
悟修心空
西天七九祖．東土五二祖
宏化源悟
西天八十祖．東土五三祖
祥青廣松
西天八一祖．東土五四祖
守道續先
西天八二祖．東土五五祖
正岳本超
西天八三祖．東土五六祖
永錫覺乘
西天八四祖．東土五七祖
方來昌遠
西天八五祖．東土五八祖
豁悟隆參
西天八六祖．東土五九祖
維超能燦
西天八七祖．東土六十祖
奇量仁繁
西天八八祖．東土六一祖
妙蓮聖華
西天八九祖．東土六二祖
鼎峰果成
西天九十祖．東土六三祖
善慈常開
西天九一祖．東土六四祖
德青演徹
西天九二祖．東土六五祖
佛慧寬印
西天九三祖．東土六六祖
靈源宏妙

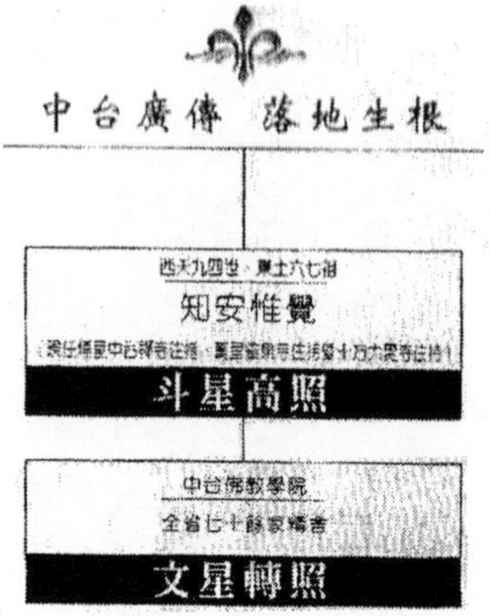

本表資料來源：

中台世界，財團法人中台佛教基金會，90 年 3 月，頁 2~3。

說明：本表根據中台山的資料，從佛陀傳到惟覺老和尚，已是西天第九十四世〈東土第六十七祖〉。但因佛教並沒有世界統一的組織，佛光山、法鼓山、慈濟等，是否認可？或也都是第幾世、第幾祖？均不得而知，有待進一步研究。

註　釋

① 鄭雅文〈寧靜午後〉，《華文現代詩》第四期（台北：文史哲出版社，二〇一五年二月），頁一三五。

② 關於「拈花微笑」簡易說明，可見聖嚴法師著，《拈花微笑》一書，台北，法鼓山文化事業股份有限公司，二〇一〇年三月第二版。

③ 無盡藏，生年不詳，唐高宗儀鳳元年（六七六年）圓寂。曲江人，為南華禪寺首位比丘尼，曾和六祖大師有過法談。無盡藏圓寂前，囑玄機到曹溪找六祖，六祖遂派職事僧前往迎請甕藏之無盡藏真身，並在寶林寺側廂幽靜處建無盡庵，設龕供奉觀音大士法相和無盡藏真身，讓玄機住持。從此，曹溪禪門女眾輩出，以無盡藏庵為祖庵。

第七章 〈月夜小徑〉，靜與淨的代表作

〈月夜小徑〉一詩，寫的很有意境，讀起來讓人產生身心靈的平靜，可謂是「靜」與「淨」的代表作品。歷史上有很多寫靜和淨的好詩，而意境是中國詩的特色，中國詩的本質特徵在此。（註①）陳慶輝的論述，我甚為讚同，各民族的詩歌文學，本應有其不同特徵。

中國詩大約離不開情景抒寫，言志、意象、妙悟等。但讓幾千年來的中國詩人，孜孜以求、且能為西方詩人學者讚嘆者，正是「意境」，意境是中國詩的結晶，雅文這首〈月夜小徑〉，我真是讀到了意境，深刻感受到靜和淨的詩意。（註②）

徐徐地　漫步
路是可愛的……

花兒飄落亦甜蜜
徐徐地　漫步

青色的
樹叢似深海

月光好明亮
交叉雙腕於胸前

徐徐地　漫步
夜風掠過飄飄然

似夢的夜晚
徐徐地　漫步

二〇一五年元月六日
華文現代詩刊園丁 Angela Cheng

到底怎樣叫靜?詩人又如何寫「靜」?歷史上出現較多的是「以動寫靜」，詩中除了作者（詩人自己）不算，出現其他動物（人、狗、鷄、鳥、蟬……）;另一種是詩文中沒有出現任何動物，這就更安靜了!但客觀世界的安靜未必是真的「靜」!因為人心若煩亂，也是靜不下來的。

「以動寫靜」，如陶淵明〈歸園田居〉:「狗吠深巷中，鷄鳴桑樹顛」;王籍〈南朝〉〈入若耶溪〉:「蟬噪林逾靜，鳥鳴山更幽。」另如杜甫〈題張氏隱居〉:「春山無伴獨相求，伐木丁丁山更幽。」;王維〈鹿柴〉:「空山不見人，但聞人語響」，王維以動寫靜再融入禪意，更體現中國詩學的意境，其〈題皇甫雲溪別業〉:「人間桂花落，夜靜春山空」。而賈島〈題李凝幽居〉:「鳥宿池邊樹，僧敲月下門。」亦是渾然清淨的境界。

「靜」通常指主客觀環境的安靜，「淨」則要包含身心靈的自在清淨，進而能和大自然冥合的境界。所以，「淨」的層次、境界、意境，都要比「靜」高些。用佛法的語言，淨必須是身口意完全清淨，《思益梵夫所問經》如是言。

> 若身淨無惡，口淨常實語，
> 心淨常行慈，是菩薩遍行。

所以，能做到身口意都清淨，就是身處市場、紅塵，乃至地獄，不僅能「靜」，也能清「淨」。這個境界是身口意能行「十善業」，不造「十惡業」。

十善業，包含身（不殺生、不偷盜、不邪淫）、口（不惡口、不兩舌、不妄語、不綺語）、意（不貪欲、不瞋恨、不愚痴），共十善業。

十惡業，包含身（殺生、偷盜、邪淫）、口（妄語、兩舌、惡口、綺語）、意（貪欲、瞋恨、愚痴），共十惡業。可見身口意要做到清淨是很難的，但萬法唯心，也只是一念之間，可造十善業，亦可沈淪在十惡業之中。

至於詩中沒有出現任何動物的靜，或刻意否定動物的存在，也是寫靜的方法。如「空山不見人」，當然就沒有人影出現。王安石則刻意否定鳥叫聲，讓鳥不鳴，以示安靜，

〈鍾山即事〉：

澗水無聲繞竹流，竹西花草弄春柔。
茅簷相對終無事，一鳥不鳴山更幽。

到底是讓鳥叫靜，還是不叫比較靜？這可能見人見智，也和心情有關。但吾以為，王安石這詩違反自然，因為鳥鳴不鳴？半點不由人，何況有鳥不鳴也很怪，很不自然。而「澗水無聲」也不對，通常澗水是有聲的。

研究過動靜問題，再看雅文這首〈月夜小徑〉，完全沒有任何動物的存在，四週未有動物聲音。唯一有「動」的感覺，是「花兒飄落、夜風掠過」，用自然情境來表現月夜小徑的寂靜，乃至內心的清淨自在。在層次上，雖不如陶淵明、杜甫、王維等，「以動物寫靜」那樣高明，但比王安石自然多了。

賞讀〈月夜小徑〉，「**徐徐地　漫步／路是可愛的……**」，路就是路，永遠沒有可愛不可愛，這完全是詩人心情的投射，任何時候我看到雅文都是很可愛的，她在月下散步就更可愛了。她轉換成「路的可愛」，是很成功的詩語言，也更有想像力。同樣的山水，王昭君看是「殘山剩水、剩水殘山」，而旅行的遊客得花大把銀子，去看壯麗山河，心情好，人快樂，看什麼都可愛！花兒飄落亦甜蜜。

這首詩連續有四句「徐徐地　漫步」，讓情境更靜、更慢，有配合現代銀髮「慢活、慢樂」的安排，也體現詩人目前的生活型態，幸福美滿，享受著優質的精神生活。但我等凡夫，美好的精神生活，必須先有不錯的經濟物質條件，畢竟吾人皆非老莊，亦非苦行僧。沒有基本的經濟條件，絕談不上精神生活。

這首詩的意境也表現在空靈之處，如國畫的空白處，空白並非沒有，而是意境的延伸，使意境更豐富，情韻無限，「青色的／樹叢似深海」，在月光下有這樣的情境，深海表示有很多尚未探索的心思，詩人心思如海。

空靈之外，尚有情境的「理性」和「非理性」思考。詩本來就是「非理性」的東西，但不表示可以無厘頭！可以違反理性思考！如這首詩，深入解析，可以有些疑問。詩人和誰在一起散步?若說一人散步是不太「合理」的，因為這場景定是郊外的晚上，「月光好明亮」約是晚上九點以後。這麼晚了，詩人（又是女生）不敢一人在無人之境散步，一怕壞人，二怕鬼（女生大多怕鬼），三有各種不安全考量。

所以，詩人在這月夜小徑散步，定是兩人或更多，而以兩人散步最合適，另一人是誰？是很有想像空間的，可以作很多「文章」。

還有，到底何時有過「月夜小徑」散步行？也涉及「寫境」和「造境」（王國維之說）。寫境，側重寫實，真有那回事，真實的描寫客觀，是現實主義創作方法。而「造境」，側重想像，主觀虛構，是浪漫主義創作方法。但二者的共同要求，則是合乎自然和鄰於理想。

〈月夜小徑〉一詩成功之處，在於能夠表現「靜」和「淨」的情境，使意境提升。在現實和浪漫主義之間，有了空靈想像空間，詩的美妙就在這虛實、可解不可解之間，引人深思！

註　釋

① 陳慶輝，《中國詩學》（台北：文史哲出版社，民國八十三年十二月初版），第四章，〈詩歌意境論〉，頁一二五—一七一。

② 鄭雅文，〈月夜小徑〉，《華文現代詩》第四期（台北：文史哲出版社，二〇一五年二月），頁一三五。

第八章　〈樂活〉，怎樣過人生才快樂？

雅文這首〈樂活〉是隨筆詩，隨心所體認，寫出怎樣才能快樂的活著。世上活著的人，很多不快樂嗎？很多公私機構每年對全球各國、各地區，做所謂的「痛苦指數」（通貨膨脹率＋失業率）調查，高所得地區的人，不一定活的很快樂，很落後的不丹小國是全球最快樂的地方。很多人不太相信。

在不丹，快樂並不是什麼藝術，而是人民的生活態度。當然，這和該國的歷史、地理、文化等，都有很濃厚的關係。這裡的人，甘其食、美其服、安其居、樂其俗，快樂和財富沒有掛勾，窮人臉上時時有笑容，因信受佛法，知足常樂。

怎樣的人生才會快樂？古來沒有共識。對唐三藏而言，西行求法才快樂，美女、地位、財富才是痛苦的源頭，不能西行，寧可就地死掉。這和世俗的快樂是顛倒的，我們放眼看看這個世界，絕大多數人所經營追求的，正是青春貌美的帥哥美女、名利地位、財富房地，失去了這些，很多人要去跳海、跳樓！

但李白的快樂不一樣，他說「且樂生前一杯酒，何須身後千載名」（行路難三首之三）。這正是今朝有酒今朝醉，及時行樂派。

對許多英雄豪傑而言，一定要在戰場上殺得昏天暗地，成仁取義，才是人生至樂（筆者十五歲進軍校就立了這個志）。可惜沒機會上戰場！曹操在文學、戰爭、兵法、事功都算輝煌（不談人品），但他也不快樂，〈短歌行〉：「對酒當歌，人生幾何？譬如朝露，去日苦多。慨當以慷，憂思難忘。何以解憂？唯有杜康。」也似乎只有酒才能解憂得樂！現在看看我研究的主角，她如何〈樂活〉。（註①）

光陰似箭轉眼
已邁入不惑之年

西遊記
（連續劇主題曲）

我的心兒
一花一葉
了無掛礙
卻又太牽掛
念盡紅塵
用愛照亮天下
我的心兒
穿越繁華
只為天邊
那一抹彩霞
散去流沙
笑拈大千如花

細微之瑣事
如今也非關緊要
樂活是目標
幸福似感覺了
能慷慨解囊
亦是一種樂趣
地位的暫時
榮耀是過去的
健康是自己的
才德兼備又怎樣

三國
（電視劇主題曲）

風雲處起 蒼黃變化
箭在弦上 不得不發
允文允武 三分一天下
鼎之輕重 可以問嗎？
彈劍作歌 披褂上馬
霸王大業 不是空話
男兒碰撞 一團一火花
百年人生 瞬間光華
塞外秋風獵馬
江南春雨杏花
千古江山如詩如畫
還我一個太平天下
塞外秋風獵馬
江南春雨杏花
千古江山如詩如畫
還我一個太平天下
千古江山如詩如畫
還我一個太平天下

不圖回報
唯有世上雙親
父母對子女的
視為義務和樂趣
以寬闊的胸襟
迎接那璀燦的朝陽
珍惜已擁有的
欣賞周遭人事物
調整我們的心態
亦享受快樂人生

二〇一五年二月六日

這首隨筆詩，歸納其重要核心內涵，可以將下面四部份衍繹到佛法，延伸詩人的精神加以論述：（一）人身難得、人生短暫、把握今生；（二）地位榮耀有因緣，財富五家共有；（三）布施獲益最大、三寶門修好福；（四）人生安樂、快樂、上樂之道。

人身難得、人生短暫、把握今生

自古以來，只有智者、有思想，感覺系統敏銳的人，才會覺得人生短暫，譬如朝露，於是要把握時間做自己想做的事。當然有很多人，渾渾爾，噩噩爾，不知不覺。也有覺得日子難過，歲月漫長，先走了之，或老壽星吃砒砷，眾生的「果」，各自因緣而促成。

佛經在很多地方，強調人身難得，要把握今生的「人身」好好修行，因為未來是否仍是「人身」，機會是極小極小的，怎能不愛惜時間呢？《大寶積經》有詩偈如是開示眾生。

善得人身甚為難，莫為此身造眾惡；

畢竟塚間餧狐狼，切勿惡見生貪愛。

在《雜阿含經》以「盲龜浮木」，譬喻人身難得。在無邊大海裡，有一隻盲烏龜，她壽命極長，每百年才探出水面一次；大海中有一根浮木，浮木有個洞，盲龜必須遇到這根浮木，而且頭正好要穿出浮木的小洞，這種機率是極渺茫的。要用現代超高速電腦算機率，不知多少兆兆兆兆分之一，可見今生得人身是多麼不容易！

佛經另有一比喻說：「得人身如爪上泥，失人身如大地土」，都在警示眾生，失人身很容易，得人身很困難，怎能不好好愛惜光陰！珍惜生命？莫為此身造眾惡。「畢境塚間餧狐狼」，人死後或許火化灰飛煙滅，或埋在土裡供養蛆蟲，或棄塚間餵野生動物，最後只剩白骨一堆。「切勿惡見生貪愛」，有了人身，要善用人身，不能執著於惡見、貪愛，失了人身，就永遠回復不了人身了。

有古德法語亦說：「人身難得今已得，佛法難聞今已聞；此身不向今生度，更向何生度此身？」所以今生不好好把握「做人」，以後很難再有機會，更怎能不好好修行，親近佛法呢？龍牙禪師如是勸人把握今生。

昔生未了今須了，此生度取累生身；
古佛未悟同今者，悟了今人即古人。

——唐・龍牙居遁

「昔生未了今須了」過去世修行未成，或有願未了，把握今生現在，此生不能再空過了。「此生度取累生身」，不必懊悔過去，也不妄想未來，當生當下才是重要的，此生就要完成「自我實現」。

「古佛未悟同今者」，古佛如果沒有大徹大悟，他和現在未悟的者有何差別？「悟了今人即古人」，只要一覺悟，你和上古諸佛便平起平坐。所以說：「心、佛、眾生，三無差別」，只差悟與未悟。

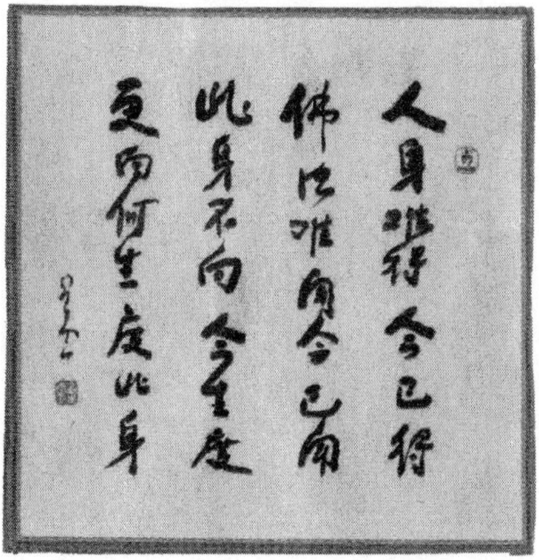

地位榮耀有因緣，財富五家所共有

詩人在〈樂活〉一詩，很有智慧的悟到「地位是暫時的／榮耀是過去」，這是智者的詩語言。世上有很多當過領導的人，放不下往昔的地位榮耀財富，至老死而不悟〈如李登輝這樣的人〉，是極為可悲的！

佛法不反對人擁有榮華富貴，認為那也是因緣所致，而且財富是「五家所共有」，可能一夜間就被「別家」拿走。所謂五家是：天然災害如大水、人為災害如政府貪官、意外災害如大火、盜賊搶奪、不孝子女。

佛法的財和世間財不同，《法可經》記載，修行者的「七聖財」是真財富：信仰、聞法、精進、持戒、慚愧、布施、定慧。這其中的道理，沒有一些佛法素養，不僅看不懂，根本難以理解，例如「布施」，明明從自己口袋拿錢給別人，自己錢越來越少，怎能說是財富。星雲大師更形容「布施」，叫「發財學」，你就更不懂了。

至於「精進」，或許類似中國書生所謂「書中自有黃金屋、書中自有顏如玉」，只要好好讀書，榮華富貴盡在其中。這當然很俗世的，但進入智者、禪悟的世界，應知何謂「最勝財」？

信為丈夫最勝財，善法常修能利樂；
諸味之中實語最，於諸命中慧為勝。

——《根本說一切有部毘奈耶》

這詩偈說，世間有四樣東西最寶貴：即信心、善法、實語和慧命。「信為丈夫最勝財」，信心是我們成為大丈夫最殊勝的財富，有信心有信仰最能有所成就。「善法常修能利樂」，相信善法，修善法做善事，擁有最大利益，最大的安樂。「諸味之中實語最」，誠實不欺，最能讓人信任，此即「直心是道場」。「於諸命中慧為勝」，人的色身生命外尚有「慧命」，以智慧做為我們的生命。人的生命有限，百年亦如白駒過隙，但立德、立言、立功的慧命是千古不朽的；而修行悟道行菩薩道，成就善業，更是生生世世可以「帶著走」，正是所謂「半點帶不走，只有業相隨」。

布施獲益最大、三寶門修好福

前章講到「梵天問道」，梵天問佛陀：「什麼人獲益最大？什麼損失最大？什麼甲冑攻不破？什麼是最好的武器？」

佛陀答：「布施者獲益最大，貪得無厭、受施不報的損失最大，忍耐是牢不可破的甲冑，智慧是最好的武器。」

雅文〈樂活〉一詩有「能慷慨解囊／亦是一種樂趣」詩句，我從「寬鬆詮釋」，約等同「布施」行為，若要從思想、理論上去深研，「慷慨解囊」和「布施」或許尚有差異。但吾人並非在進行嚴謹的佛學研究，故做寬鬆解釋，何況佛菩薩一定也樂於給人鼓舞，對我的寬鬆解釋定然也樂觀其成。

佛教講布施，有法布施（講經說法、宣揚真理）、財布施（金錢、財物、勞力）、無畏布施（成仁取義、生命布施）。再者，給人一個微笑、一句好話，也是布施。我之所以認定，雅文「慷慨解囊亦是一種樂趣」是布施，除了知道她常做公益，我亦有親身「證據」，並非只是「推論」。二〇一四年六月，我編《臺灣大學退休人員聯誼會會務通訊》，急須一筆錢，我向雅文「化緣」，她二話不說，當場給我兩萬元（見徵信芳名錄）。（註②）

感謝贊助、補助本書出版
經費徵信芳名錄

國際崇她社台北一社社長鄭雅文小姐	貳萬元整
文史哲出版社發行人彭正雄先生	陸仟元整
國立臺灣大學總務處（總務長王根樹教授）	伍萬元整
國立臺灣大學文康活動委員會（主任委員江簡富教授）	參萬元整
國立臺灣大學退休人員聯誼會會員陳昌枏先生	貳仟元整
國立臺灣大學退休人員聯誼會會員吳信義先生	壹仟元整
國立臺灣大學退休人員聯誼會會員楊長基先生	壹仟元整
國立臺灣大學退休人員聯誼會理事吳元俊（俊歌）先生	壹仟元整
國立臺灣大學退休人員聯誼會會員陳美枝小姐	壹仟元整
國立臺灣大學退休人員聯誼會會員無名氏先生	伍仟元整
國立臺灣大學退休人員聯誼會第九屆理事長陳福成	陸仟元整
國立臺灣大學退休人員聯誼會會員高閩生先生	壹仟元整
台中市市民張冬隆先生	貳仟元整
台中市創世基金會志工陳鳳嬌小姐	貳仟元整
台中市宏道老人基金會志工陳秀梅小姐	貳仟元整

臺灣大學退休人員聯誼會第九屆理事長 陳福成 率全體會員致謝

所以，我讀雅文這詩句，並非只是「詩語言」，而是詩中的「科學語言」，佛說的「實語言」。布施在佛法是六度修行之一，六度包含：布施、持戒、忍辱、精進、禪定、般若。這說來話長，只談布施，其福報很大。

三寶門中福好修，一文施捨萬文收；
不信但看梁武帝，曾施一笠管山河。

——《三世因果經》——

梁武帝在過去某世，本是一個砍柴的樵夫，有一天他挑著一擔柴要回家，途中看到廟外一尊地藏菩薩像在路旁，每天日曬雨淋，他一念恭敬心，就把自己的斗笠戴在菩薩頭上。就這麼一個布施功德，匯聚成來世當皇帝的果報，故說「曾施一笠管山河」。

布施是一種「種福田」的「業」，有如農夫，要耕田下種，才能有收成的「福報」，這是因緣、因果關係。「因果」是很簡單的道理，也是自然「真理」，如肚子餓了想吃飯，東西用久了會壞。布施不一定要大錢，主要是誠心、恭敬心，以布施去除貪瞋執著等惡習，是欲求無上道之法門。

欲求無上道，修行諸功德；
破於慳貪心，布施最第一。
——《大薩遮尼乾子經》——

「無上道」乃指了不起的事業、事功，必須修行諸功德。這是當然，想要當名大學教授、拿諾貝爾獎，可能要修比菩薩更多的「功課」。那麼，在佛法中想要無上道，也要修很多功德，何謂「功德」？善法公益是功德，布施建寺是功德，效法普賢菩薩十大願是大功德，學習阿彌陀佛四十八願是大功德。在修各種功德中，最大的敵人是自己的貪瞋痴，這顆慳貪心最麻煩。

所以「破於慳貪心，布施最第一」，用布施來破除慳貪心最有用，自然可以慢慢去除貪瞋痴，按此認真修行，當然可以成就無上道。

人生安樂、快樂、上樂之道

〈樂活〉一詩，是詩人快樂生活的心得詩寫，萬法唯心，詩人也提示從自己的心態改變做起，包含親子家庭關係的和諧快樂，都要從自己心念一轉。只要自己肯改變心態，看到的世界就不一樣！

除了世俗之樂，吃喝玩樂，但人生不能止於這些「形而下」的滿足，還要有「形而上」的追求，我衍繹世俗之樂外，期許有緣的讀者，也能追求「法樂」〈真善美、真理、信仰〉。法樂才是人生「樂活」最究竟之樂，是謂最上樂。

遠離眾罪垢，不著於世間；
永斷我慢心，是為最安樂。
——《方廣大莊嚴經》——

「遠離眾罪垢」，即遠離一切罪惡，讓身口意都清淨，自然可以「不著於世間」，對世間名利地位、榮華富貴就不會太執著。「永斷我慢心」，貢高自大、驕傲狂妄，動不動口出惡言，是人性中很劣質的東西，要靠修行才能去除之，遠離之，「是為最安樂」。安樂的當一個成熟的人，對人謙虛，待事執忱，凡事能以平常心看待，享受人生各方面樂趣。《法句經》云：「應時得友樂，適時滿足樂，命終善業樂，正信成就樂。」所謂人之將死，其言也善，人到臨終時，反思這一生，無罪無債，有好朋友，各方皆足，做很多善業，也就快樂的「上路」，不是嗎？

> 世間所有諸欲樂，乃至天上所有樂；
> 若比斷貪之大樂，十六分之不及一。
>
> ——《摩訶帝經》——

世間種種欲樂，佛教稱「五欲」，即財、色、名、食、樂。天上的快樂，有長壽之樂、禪定之樂、飛行自在之樂，也是快樂無比。「若比斷貪之大樂、十六分之不及一」，可見「斷貪」所得之樂是無限的，是謂上樂。

世間有很多競爭，帶來無限煩惱，乃至引起仇殺、戰爭等，這是人類無明之苦難。佛法主張無爭、不爭，因為勝敗兩方都苦惱，《法句經》云：「勝利生憎怨，敗者住苦惱；勝敗兩俱捨，和靜住安樂。」這只是看全世界所有搞民主選舉的地方就有答案，選舉勝敗雙方都不是人，造成族群撕裂、社會和國家分裂是必然的，所有的人民都不安、不快樂。為何？不是有「民主」就好嗎？世人不知，「西方民主政治制度」，是有史以來最大騙局。所以，民主政治是最壞的制度，二千多年前西方聖人柏拉圖已說了，我判斷大約在二〇三〇年左右，各國都會為民主政治這種制度舉行告別式，因為民主的真相，是人民痛苦的源頭。若整個社會的痛苦指數居高不下，相信詩人也「樂活」不起來。

欣賞雅文這首〈樂活〉，讓我思索到各層面對問題。依入世有為法，我們要如何「樂活」？依出世無為法，我們又要如何「樂活」？有緣的讀者，你的選擇呢？

註釋

① 鄭雅文，〈樂活〉，《華文現代詩》第五期（台北：文史哲出版社，二〇一五年五月），頁一一四。

② 陳福成主編，《臺灣大學退休人員聯誼會會務通訊》（台北：文史哲出版社，二〇一四年六月），經費徵信芳名錄，置於該書之首。

第九章　〈人生也如茶滋味〉，淡泊、知足、隨緣

人生是什麼味道？每個人感覺系統不一樣，問李白會說酒滋味，問陸羽是茶滋味。問弘一大師，他一定說：「鹹有鹹的味道，淡有淡的味道。」當然，問路邊的流浪漢、大企業家……答案也一定不一樣。

雅文深刻體驗人生數十年，以人生如茶滋味形容，顯然她對自己的生活哲學是有高度的，這個高度的智慧內涵是淡泊、知足、隨緣。〈人生也如茶滋味〉一詩，有豐富的入世和出世意境。（註①）

1

三十年前的台北
茶藝館四處林立

各家裝潢不同，卻都
帶有著古文化氛圍

有的還……甚至
附帶著算命呢

2

一進茶館，看到牆上
懸有一副字，寫著

茶味人生隨意過
淡泊知足苦後甘

3

勸人知足要常樂
不為執著所苦喔

能淡泊，也才能隨遇
而安，讀來頗有意思

面臨著人生
諸多考驗……

也真的如是「如人
飲水，冷暖自知」了

那時候，能與三五
好友聚首茶館聊天

心情還頗為愉快
或許那時還年輕

對未來總是懷抱希望
縱使稍有暗淡的心緒

也很快的就雲淡風輕
青春或許未必長駐留

卻讓我們有足夠的勇
氣來面對未來的挑戰

4

我們是個愛茶的民族
許多種茶各有擁護者

因著愛喝茶，擁有
一方寧靜的空間

室雅何需大，只要
一個潔淨的小角落

就喝茶吧！
你也愛喝茶嗎？

喝茶時候，
都想些什麼呢？

二〇一五年七月二日
華文現代詩刊園丁 Angela Cheng

這首詩的標點有些亂，吾將其部份省略。段落區分不清，會影響「可讀性」，我另標示分成四大段，使其文意流程較明顯，較有結構性，看起來也不覺得太散，讀者以為呢？

第一段詩人回憶起早年，台北茶藝館林立的街景，還有各家都有古文化的氣氛，有多元經營，有的附帶算命。這是一個引子，數十年前可能「西風東漸」不嚴重，喝咖啡尚不流行，茶則是中國傳統社會最重要的飲料，也代表一種東方文化的特色。詩的言外之意，是「詩人是個有閒階級」，常有時間有銀子泡茶藝館。

第二段是核心論述，淡泊、知足、隨緣的概念，迅速突顯出來。「一進茶館，看到牆上／懸有一副字，寫著：／茶味人生隨意過／淡泊知足苦後甘」。這些，其實是中國常民文化裡，代代相傳的人生哲學，課堂上的老師，家族裡的長輩，無不以此教育子弟；「勸人知足要常樂／不為執著所苦喔／能淡泊，也才能隨遇／而安，讀來頗有意思」。吾國古聖先賢談知足常樂的話語文章不計其數，老子說：「過莫大於不知足」，曾文正說：「知足天地寬，貪得宇宙隘。」這些智慧之言，我們多看多聽，就多少有些啟示受教。

第三段詩人把「茶藝館經驗」，衍繹到自己的人生成長體驗，表示詩人是頗有領悟的，才使得她在碰到人生暗淡情境時，有勇氣面對未來的挑戰。說「知足常樂」是中國文化重要元素，亦不為過，中國人因知足而沒有侵略性。

第四段先來一個更寬闊的詮釋，表示我們是「愛茶的民族」，有與西方咖啡文化切割之意，提示各民族各有其飲食文化，我們是茶的民族。末尾，以六行做輕聲細語的小結，也讓人反思，你們喝茶都在聊些啥！

中國先聖（儒墨道諸家），把淡泊、知足和隨緣，視為人生重要的道德修養，乃至人生哲學的高度。佛法也講淡泊，知足和隨緣，而佛法所述比儒墨道諸家更有深意，影響範圍更大。此中原因筆者不敢論斷，只能按「常識」推知，供讀者參考。

吾國先哲所論淡泊知足隨緣，放在道德層面，做為個人修身，齊家和處世，所依循的「普遍原則」，影響個人一生一世。但佛法講淡泊知足隨緣，由於佛法的因果論，會影響人的「來世」，乃至生生世世。因為一切人的「業」會隨著流轉，決定未來的生命，這就是所謂「萬般帶不走、只有業相隨」。是故，你的淡泊、你的知足、你的隨緣，都必然隨「業」流轉，影響到你的下輩子的生命品質，甚至決定你能否轉世為人！

淡泊、禪心，不貪為富

禪心必然是在淡泊的心志中，而不在爭名奪利之境。所以，想得淡泊，須要先看淡世情，用一顆清淨心去領悟「一花一世界、一葉一如來」，這是世間的實相真相。一花一世界，表示這世界是多樣的、複雜的，佛與魔、人與獸，慈悲和罪惡是並存的，佛稱「濁惡世界」，我們不要覺得奇怪，這是「正常」的。

龍游淺水遭蝦戲，虎落平陽被犬欺；
人情似水分高下，世事如雲任卷舒。

—清・蒲松齡

這詩意叫人受了委屈、懷才不遇，不要一味以為外界對不起他，怨天尤人，也要反省自己是不是一條龍、一隻虎。人情如水，有高有低，要看淡世情，讓世事如雲任卷舒，人才會活的自在，在自然自由狀態下，人的禪心自然生成。過淡泊的生活，修行修道自然有成就。

掃地煎茶及針罷，更無餘事可留心；
山門有路人皆到，我戶無門那畔尋。

——唐・龍牙居遁

《金剛經》在開宗明義〈法會因由分第一〉云：「如是我聞：一時，佛在舍衛國祇樹給孤獨園，與大比丘眾千二百五十人俱。爾時，世尊食時，著依持鉢，入舍衛大城乞食。於其城中，次第乞已，還至本處。飯食訖，收衣鉢，洗足已，敷座而座。」……

這段經文啟示眾生，佛教從佛陀開始，從來都主張人要過淡泊的生活，淡泊才能明心見性，見性成佛。淡泊生活就在食衣住行掃地煎茶間，離開了平常心的生活，就沒有佛法，也找不到禪心。

「山門有路人皆到，我戶無門那畔尋」，寺院道場人人可去，但人人可去的路，卻是沒門的；沒門才是大門，因為四通八達了。人不要執著哪一個門，當下照顧好自己生活，當下就進門證道。

設有伏藏千億餘，以貪愛心無厭足；
猶如大海吞眾流，如斯愚人最為貪。
——《大寶積經》——

財產不斷往銀行存，看著存款越多越高興，就是不肯布施一文錢，此「猶如大海吞眾流、如斯愚人最為貪」。佛法不反對人們追求財富、高位，故所謂「淡泊」並非叫人不拼事業、不居高位、不要權力與富貴，而是叫人不論何種地位要能以平常心處世，以慈悲心待人，要認識自己的清淨本性。佛陀在世時，其「政商關係」極好，常為王公大臣、商人等說法，不外希望大家能明心見性，了然自己佛性，超脫生死，這才是佛陀說法之本旨。

知足，何期自性，本自具足

人的一生，因受世俗之教，成長過程就是「永恆的追求」，追求外境一切可得之物，最後老死，還要在遺言上交待錢財處理分配，以免兒女為爭財產打官司。但《心經》上說：「不生不滅，不垢不淨，不增不減……乃至無老死……」也就是每個人本來就具足的，不缺什麼？甚至根本就沒有生、沒有死這回事，人們不必外求什麼！到底我們具足什麼？惠能大師說的最清楚。

何期自性本自清淨！
何期自性本不生滅！
何期自性本自具足！
何期自性本無動搖！
何期自性能生萬法！

五祖為惠能講說《金剛經》，當五祖講到「應無所住而生其心」時，惠能聞言，廓然大悟「一切萬法不離自性」，於是向五祖說了這段偈語。意思是說，眾生本性原是清淨的，是不生不滅的，人本來就沒有來去，沒有生死；眾生本具佛性，不假外求，不缺什麼！每個人的本性都是具足的。本性就是本體，能生一切萬法，已經不必向外追求什麼了。

眾生雖本具佛性，何其具足，惟因眾生大多迷途，「忘了我是誰？」拼命向外追求，乃至「人為財死」，這種永不知足是很痛苦，是一種「罪業」，會流轉到自己的未來生命（生生世世），是生生世世的苦痛。《心地觀經》如是說：

> 眾生所有眾財寶，更互追求常不足；
> 求不得苦恆在心，老病死火無時滅。

求不得苦恆在心，求官、求財、求權力、求佔一些便宜小利；求愛、求情、求人，求不得便將其毀滅！人生之苦皆來自「不足」，不知道「知足常樂」的道理。對於用不正當手段追求財富，如貪污、侵佔、詐欺、高利貸等，不僅世間法是犯罪的，就佛法的「三世因果」觀，其罪更大，影響更久遠。我在台大的朋友圈裡，宣揚「錢用掉才是自己的、沒用的都是遺產」、「不要人在天堂、錢在銀行」，得到不錯的效果。事實上「不在天堂」只是好聽，對一輩子只會「收存」財富，不施半文，是上不了天堂的，會去那裡？我亦不知！

以人的本具佛性來說，應該是「無老死、亦無老死盡」的，但為什麼會「老病死火無時滅」呢？這道理就像一個知足常樂的人，他就會感覺當下人間就是天堂，生死一如，乃至不會罣礙自己的生死，「心無罣礙，無罣礙故，無有恐怖」（心經）。而那貪心不足的人整天活在錢堆裡（含不法貪污），沒有一刻心安，人間如地獄，又怕被拉去槍斃，越怕死罣礙越多，生不如死，又沒勇氣死，簡直是「老病死火無時滅」，因為擔心老病死，財富消滅了，帶不走，痛苦啊！如是之人，說來可悲，也是可惜，古德有詩曰：

表裡玲瓏絕有無，人性善惡俱虛浮；
生平艷羨陶朱富，哪識衣珠自足餘。

「表裡玲瓏絕有無」，我們真如自性是表裡一致的，這真如自性是人的本來面目，本有的佛性，不能以有無論，亦不以生死說。因為，本來如是。而「人情善惡俱虛浮」，世間人情是非善惡都不是「實相」，不能與真如本性相提並論，故是虛浮的。但人們只艷羨陶朱公的富有，不知道自己的真如佛性也是「衣裡明珠」，也是自己本具的富貴，所以說很可惜啊！

隨分、隨緣，隨遇而安

隨分、隨緣、隨遇而安，大概是中國常民社會裡，最常出現的口語詞彙。例如，朋友碰面了就說「我們有緣」，朋友散了就是「我們無緣」，男未婚女未嫁說是「緣分未到」。從很浮淺的層次說，這是沒錯的。但其實，沒那麼簡單，佛法有甚深微妙義，佛陀在菩提樹下，金剛座上悟道，最先悟的是「緣起法」，就是因緣生成，緣起性空。其基本意義是：有依空立、事待理成、果由因生。

所以，星雲大師曾倡導大家眼睛要「看因緣」，不要只是「向錢看、看電視、看網路……」，因為有了因緣，其他都有了。(註②)因緣就是條件，如宇宙形成的條件，你會在張家出生的條件，一生會因緣和合的各種條件形成你的人生。如果沒有這些條件（因緣），就什麼都不會形成。

現代人也流行各種保險，為養老做準備，因為兒女不可靠了，只好靠保險公司。星雲大師說過要「靠因緣」，有因緣就絕對可靠，沒有因緣便無一處可靠，所有的安排都會成為「白做工」。

伯勞西去雁東來，李白桃紅歲歲開；
萬事無過隨分好，人生何用苦安排。

—清・竺庵大成

這詩偈啟示眾生要隨順因緣，如伯勞西去，大雁東來，如花開花落。「萬事無過隨分好」，費盡心思去追逐，倒不如凡事隨緣、隨喜、隨分，而不用去苦苦安排。

世上的事一定有前因後果的「因果」關係，因→緣→果，是一定的定律。如種豆得豆，好吃懶做→一事無成，又如沒吃飯所以肚子餓，要成功立業就要勤勞努力，因果因緣關係是不會錯亂的。所謂「善有善報，惡有惡報，不是不報，時辰未到。」

大家要注意！因和果之間有一個「緣」，把豆苗擺在桌子上或風吹到沙漠，都不可能開花結果，因為無緣助成，因果也不能完成。

佛教的因果通三世，所以今生養成淡泊、知足、隨緣的人生觀，身體力行，其獲益不僅今世，三世乃至生生世世都受益。如一偈語：「欲知前世因，今生受者是；欲知來世果，今生做者是。」，人生苦短，人身難得，如何從苦海中解脫出來？如何得到心靈自在解脫？找到安全的處所，就是要隨順我們本有的佛性，隨順本來面目的因緣，隨順佛所說。

隨順佛所說，持戒行頭陀；
身心無惡行，疾至於解脫。

——《治禪病秘要法》——

「隨順佛所說」，是隨順佛的緣起法，才能找到生命的解脫自在，在處世上知道廣結善緣，就能得到很多助緣。「持戒行頭陀」，持各種戒，佛教有五戒，以「不侵犯」為根本，是眾生的平等法。頭陀行，要甘於淡泊、知足、隨緣，隨遇而安的生活，則「身心無惡行」，人成即佛成，(註③)便能「疾至於解脫」。

若能身體力行，淡泊、知足、隨緣，人生如茶滋味，人成即佛成，疾至於解脫，才能出離煩惱，獲得人生自在安樂。

註釋

① 鄭雅文，〈人生也如茶滋味〉，《華文現代詩》第六期（台北：文史哲出版社，二〇一五年八月），頁一三五。

② 星雲大師，〈人間因緣的重要〉，《貪僧有話要說》（台北，福報文化股份有限公

司、中華佛光傳道協會，二〇一五年六月十五日），頁一〇五—一一六。

③ 引太虛大師的詩偈，「仰止唯佛陀，完成在人格；人成即佛成，是名真現實。」太虛，清光緒十五年（一八八九年）生，一九四七年圓寂，一生致力於弘法利生。曾設立武昌、閩南佛學院及漢藏教理院教育僧材。創辦《海潮音》、《佛化報》、《佛化新青年》等雜誌，組織「世界佛學院」以建立人生佛教。

第十章 〈童貞遠離〉，童貞才是人的本來面目

〈童貞遠離〉一詩，讓我反思很多人生成長過程的問題，為什麼人越長大童真失去越多？最後完全沒有赤子之心，連人性也沒了（台灣社會、政壇最明顯。）惟這詩題童「貞」是否印刷有誤？應是童「真」才合文意。「童貞」指未出嫁的女子，「童真」為童心之意。現代書寫者愛玩文字遊戲，創發奇意，如是語意倒可通用，那些「歧意」就交給讀者去自由心證了，但本文以「童真」解，為最合文意。

每個人都有童年，童年經驗可以說是決定成人行為模式和人格特質的「地基」。我們所有的人，包含《華文現代詩》朋友們！之所以形成現在的「你的樣子」，童年（約十三歲前）已經形成，以後不會有大的改變，除非「頓悟」。先說兩個和童年經驗有關的真實案例。

歐洲文藝復興開拓者但丁（Dante Alighreri,1265~1321），九歲時認識名叫 Beatrice，

成為他心中的女神，長大後因雙方家族門戶之別，Beatrice 嫁了他人，但不久逝世了。但丁當然傷心，乃化悲憤為力量，為她寫了詩集《新生》，在《神曲》中將她化為仙女、《神曲》由〈地獄 Inferno〉、〈淨界〉（Purgatori）、〈天堂〉（Paradiso），三部構成，故事詩一開始，但丁在黑森林中迷路了，幸而有 Beatrice 派遣詩人威吉爾前來將他救出，且領他去遊地獄、淨界和天堂。童年時期的小情人，成為但丁一生創作最大的動力來源。

另一個案例，《無人知曉的七月十日》是近期一部電影，改編自捷克一個名叫「歐嘉」女死刑犯的生平。一九七三年七月十日，歐嘉開一輛卡車，衝上布拉格的人行道，撞死八個人。她自己的行為供認不諱，她在法庭上陳述，她從小飽受霸凌之害，無人重視她，為提醒世人重視這樣受害者的存在，所以用了最極端的手段。

這幾年台灣社會發生的慘案，「鄭捷隨機殺人案」，「火燒車事件」駕駛蘇明成自焚，還要全車人一起死。凡此種種，定然都和童年經驗有關，才有這麼可怕的人格特質。但同樣碰到困局，有人向正面發展，有人向負面發展，可能有更複雜的因緣。而那些向負面發展者，都是很早就失去童真、童貞、童心，日愈扭曲，終至失去人性，很可怕。很多先聖哲人都要我們「永保赤子之心」，正是這個道理，只要赤子之心、童心在，人不會有大壞。所以，我們勿使「童真遠離」，賞讀雅文〈童貞遠離〉一詩。（註①）

喜歡下雨的清晨
淅瀝淅瀝的雨聲
似天籟般的跫音

讓我回憶起清晨……
那個趴在窗前的小女生
烏溜溜的大眼睛
望著灰白的天暮

心想，怎麼會有……
那麼多的水灑下來。

多少年後，

小女生長大了，
也來到了不惑之年，

看到天空，
直落下來的雨，
也不再問為什麼
會有那麼多水灑下來呢！

難道是……
童貞已經遠去了！！

二〇一五年九月十七日
華文現代詩園丁 Angela Cheng

詩以二分法切割童年和成人心情的不同。每個人童年都是純真的，有很多疑問，心中很多為什麼？詩的前半部書寫童心。在窗前看下雨，其實是很平常的情境，但「烏溜溜的大眼精／望著灰白的天暮」很傳神，「心想，怎麼會有……／那麼多的水灑下來」，用很自然的自然現象，體現童心的「自然」。司空圖講詩品的自然：「俯拾即是，不取諸鄰。俱道適往，著手成春。」詩材取用，盡在身邊，不須遠求，最為自然，亦是赤子之心的體現。孟子曰：「大人者，不失其赤子之心者也。」，正是警示大家，長大了，但那顆童子赤心不要失去，要永遠保存才叫「大人」，否則就是「小人」了。

詩的後半部到了成人世界，詩人在結尾雖未肯定說出「童真遠離」，而是半質疑，「難道是……／童真已經遠離了！！」。在真實的世界，童真確實已遠離。全詩之意涵，尚有言外之音，期許大家要永保一顆童真之心。我把詩意再衍繹，發現童心正是文學創作的真性情，也是人本來面之佛心。

童真童心，是文學創作的真性情

文學創作的真性情說，在歷史上的詩論家甚多討論，但把問題追到最究竟，追到事情最初的本質面，是明朝「解放論」大思想家李贄。（註②）李贄有獨到眼光關注民間文學，認為立童心存真心，才是文學創作之本，在〈童心說〉（《焚書》第三卷）中說：

天下之至文，未有不出於童心焉者也。苟童心常存，則道理不行，聞見不立，無時不文，無人不文，無一樣創制體格文字而非文者。詩何必古選，文何必先秦。降而為六朝，變而為近體，又變而為傳奇，變而為院本，為雜劇，為《西廂曲》，為《水滸傳》，為今之舉子業，皆古今至文，不可得而時勢先後論也。」

李贄「童心說」，以童心為真心，能統攝「天下之至文」，童心是創作之始，乃天賦自然之本性。此一論述，與吾國「詩言志」說相通，強調詩的真感情，「詩是心聲，不可違心而出，亦不能違心而出。」（《原詩》）以真為美，亦是吾國詩學很突出的觀點，而此「真」，以童真為最，人性之中童真為最珍貴。

童心無瞋，是人的本來面目

童心童真又是什麼？每個人的回憶可能都不一樣。但若要找到一個「普遍性現象」，絕大多數人的童年大約是「玩」。每天玩，玩童玩，笑的開心，口出童言，心無煩惱，有個叫「均提童子」這樣說。（註③）

面上無瞋是供養，口中無瞋出妙香；
心內無瞋無價寶，不斷不滅是真常。

何謂「無瞋」？不就是兒童臉上天真無邪的笑容，我們成人若能保有天真的笑容，經常給人微笑，便是對人間的一種供養。兒童心無罣礙，沒有煩惱，故口心皆無瞋。所以我們常說童言無忌，童言皆是真心。

星雲大師在世界各地弘法，收過各種貴重禮品，其中最令大師感動的，是在印度邊區的拉達克，一個小女孩供養的一朵小黃花。

在歡送的人潮裡，車子已經開車，但大師早已瞥見小女孩拿著一朵小黃花，抿著嘴色，羞澀地朝大師看，車已開動要離去時，她一路追了過來，把手上的黃花插在車窗上。大師趕緊叫司機停車，將手上戴的水晶念珠脫下來送給她，她露出真摯的笑容，淚水奪眶而出。車再往前開，大師從後照鏡中，看到她在遠處一直保持合掌的姿勢。

後來星雲大師開示，所有小孩本具的清淨自性，就是般若佛性，都可能是「未來佛」。（註④）童心正是人的本來面目，原來佛性最初是充滿整個童心的，可惜人越大受到污染越多，障礙罣礙也越多，童心日趨失真，佛性就越來越少了。最後成了大壞蛋、大惡魔！吾等詩友若有智，應引以為警惕，永保赤子童心，方為「大人」。

星雲大師在《迷悟之間》第八冊，提到美國阿拉巴馬州有一條法令規定，星期天上教堂不能化妝，不能戴假髮，要以「本來面目」與上帝相見。這是不是意味著，化妝戴假髮，讓上帝不認識你？去了教堂「白做工」！

佛教徒的修行，就是要啟發、覺悟自己的本來面目，「明心見性、見性成佛」，這「心」和「性」大約就是自己本具的佛性，要怎樣才能讓佛性顯現呢？

> 拋卻身心見法王，前程不必問行藏；
> 但能識得娘生面，草木叢林盡放光。
>
> —明・憨山德清

「拋卻身心見法王，前程不必問行藏」，想要識得自己本來面目，就要拋卻身心和一切榮華富貴，不計較一己之得失，真心法王自然顯現。「但能識得娘生面」，就是認識了自己的本來面目，草木叢林也會放光。

假如童貞（真）都遠離了，成人世界只剩下三十六計兵法或戰略，這個世界將如何？

若詩人們的童貞（真）也不見了，還有沒有感動人的詩篇呢？

註　釋

① 鄭雅文，〈童貞遠離〉，《華文現代詩》第七期（台北：文史哲出版社，二〇一五年十一月），頁一一七。

② 李贄思想，可見陳福成，《中國政治思想新詮》（台北：時英出版社，二〇〇六年九月），頁四八三—四八八。

③ 均提童子，生卒年不詳，相傳是文殊菩薩的侍者。這四句詩偈，是唐末無著文喜禪師朝禮五台山，途中於金剛窟般若寺與文殊擦身而過，乞請均提童子所賜之偈頌。

④ 星雲大師，《成就的秘訣：金剛經》（台北：有鹿文化事業有限公司，二〇一一年二月二十一日，初版三十五刷），頁一一八—一一九。

第十一章 〈山居歲月〉，人生怎樣才能動人精彩？

中國自古以來的文人雅士、騷人墨客，都喜歡山水經驗，體驗大自然，提昇創作境界。打開唐詩作品，李白、杜甫、王維、孟浩然、韋應物……無不有山水居生活，而寫出動人精彩的詩品。中國的仁人智者，都愛山愛水，環保觀念吾國古已有之。

雅文家住在一座風景秀麗山水之間，每天可以有山居生活，聽蟲鳴鳥叫，小鳥每天準時用歌聲叫你起牀。住在這裡，人會很自然的受到「自然洗禮」，而慢慢就養成淡泊、知足、隨緣的性格，讓人思想純淨，不易受到現代惡習污染。所以能淨化自己的思維。思考人生怎樣才能動人精彩？賞讀〈山居歲月〉。（註①）

人生精彩並非數字
是那些動人的故事

馳騁在蜿蜒的回家路
心境隨著時空轉換

在綠色走廊上奔馳
假日相伴漫步林間

庭院赤腳體驗草皮
觸感認識鳳蝶樹蛙

讓大自然成為孩子
最好的人生指導師

留下一面開窗權利
留下呼吸天地大窗

居住山林植被豐富
空氣中的懸浮粒子

大量芬多精養護著
潛移默化加值成效

自然空調全年無休
吸氣都含氧的淨化

養生不費吹灰之力
為人生寫下新樂章

二〇一六年二月十四日

山居讓人身心靈得以解放，身心清淨，有益於反省、反思人生的道路，怎樣才能精彩動人？我相信這是世上所有人會思考的命題，當大學校長的設法要進「百大」，當大老闆的努力要成為「首富」，當詩人的努力要寫出傳世經典；而我，打算要出版「百本全集」，每個人都要追求屬於自己的精彩。很弔詭的，人生有很多層面的「問題」，有了東失去西，要走南就離遠了北，很難完全、完善、圓滿。因此，當吾人經一輩子追求，該有的「數字」也有了，智者會反省反思，原來那些「數字」並非人生意義的全部，甚至是不重要的，人生精彩動人也不再那些數字，還有更重要的，那些才是人生價值所在。

詩人下班回家，車在蜿蜒的路上奔向山水住家，心情在轉變，思索著人在林間散步的美妙，把人解放在綠色走廊上飄浮，讓心飛起來的感覺。有林必有鳥有泉，這是身心靈的高級享受。

赤腳走在庭院，在草皮上漫步，附近有鳳蝶樹蛙，這個庭院一定很大，不能以坪量。這個庭院裡有山有水，蝴蝶飛舞，樹蛙歌唱，一花一世界，這庭院是有很多世界，或有三千大世界，詩人的心有多寬廣，她的世界就有多大！

親情是人生不可或缺的價值，不論有多少財富，若無親情或傷害親情，人生的價值幾可「歸零」。用《金剛經》的語言詮釋，三千大世界所有財富都用來布施，其所得到福德，與親情倫理相比，百分不及一。所以，有了事業財富又不失親情，是很大的福德因緣。柴契爾夫人因一生拼事業，孩子都離她遠去，她晚年說：「如果人生可以重來，不要當首相，只要在家為孩子做飯。」人生是一張單程票，只此一回，來生誰也不知道。

居住山水林間，全年免費得到自然空調，每天都有神水仙丹（芬多精）享用，這是現代人有錢買不到的享受，人生夫復何求？人生的精彩動人，是要有身心靈的清淨。但說到「動人的故事」，〈山居歲月〉不夠具體，所以我把詩人想要的「精彩動人的故事」加以衍繹，提出以下三種。

不念他人惡，常思其善事；
智慧離分別，人中最第一。

——《大乘理趣六波羅蜜多經》

能做到「人中第一」，定是動人又精彩。條件是不念他人惡，常思其善事，「智慧離分別」，不以個人情緒評斷他人，要用智慧判斷，才能對人有公平的看法。這詩意主要提示人要去除分別心，還他人本來面目（佛性），能如是者為「人中第一」。

施慧二俱修，所生具財智；
二俱不修者，長夜處貪闇。

——《分別業報略經》

這詩偈主要鼓勵人要「福慧雙修」，能福慧雙修者，人生必然精彩又動人。何謂「修福」？只要對眾生社會有益的施捨（錢財、勞力、精神），都是修福。何謂「修慧」？凡是聽、講、宣揚、研究佛法，都是修慧。

佛法主張知行合一、行解並重，就要福慧雙修，不可偏一。福報、福德、智慧，不是靠誰賜予，而是自己去修持。有謂「公修公得、婆修婆得」、「各人生死各人了、各人吃飯各人飽」，修行無人可以替代。

能捨惡知識，親近善知識；
菩提道增長，猶月漸圓滿。

——《大寶積經》

這是平常的道理，「近墨者黑、近朱者赤」。佛法說「善知識」是指善人、哲人、真誠之人；「惡知識」指壞蛋、不真誠、不仁義之人，要遠離壞人，親近善人，自己才能「菩提道增長」，而且「猶月漸圓滿」。人生能夠達到「漸圓滿」，接近圓滿，也是境界，也是精彩動人的故事。

人生的幸福，在於能夠淡泊知足，自然可以過悠閒的生活，而不是一輩子在追求名利。「三間茅屋從來往，一道神光萬境閒；莫作是非來辨我，浮生穿鑿不相關。」就算沒有那些「數字」，只要身心安住，不論貧富，都可以過悠閒且心中充滿快樂的生活，唐朝龍山禪師如是開示。

註釋

① 鄭雅文，〈山居歲月〉，《華文現代詩》第九期（台北：文史哲出版社，二〇一六

年五月），頁一三九。

第十二章 〈偶遇〉，因緣的奇妙

〈偶遇〉這首詩，在結構、段落和情境轉移都極佳。偶然看到往昔熟識的朋友，遠看她臉上堆滿笑容，心中自然生起一陣喜感，有一種期待。接著劇情向下推演，「**當她目光穿越肩膀／快步走過我身旁**」，這裡是一個轉換起點，她的目光穿越肩膀，是穿越詩人的肩膀，很有趣的，表示她「完全不看詩人一眼」，完全不把詩人看在眼裡，她是誰？

第三段前兩句是全詩關鍵，「**當她轉身回座的剎那／彷彿冷鋒過境**」，她去敬酒回來吧！一定又經過詩人身旁，還是沒看一眼，詩人頓覺冷鋒過境，人情有時比冰雪還冷，給詩人無限感概。賞讀〈偶遇〉。（註①）

十年未曾謀面

能相逢並非偶然
她臉上堆滿笑容
心喜，彼此依然記得

當她目光穿越肩膀
快步走過我身旁
確是曾熟悉的彼此

當她轉身回座的剎那
彷彿冷鋒過境
莫非在這幾年裡
我們都逢巨變遭遇
頓時，難掩心中愁緒

二〇一六年六月十八日
華文現代詩園丁 Angela Cheng

在現實世界裡，我打賭所有人在一生數十年裡，一定碰到過不同程度的難看、難受局面，如詩中情境可以說小卡司，只是讓人「頓時，難掩心中愁緒」。心情平靜後，想一想，或許就是「無緣」，緣起法可以解釋宇宙間一切現象，先說「緣」。

藉緣生煩惱，藉緣亦生業；
藉緣亦生報，無一不有緣。

——《緣生論》

「緣」是很神奇的，親近佛法的人常說「緣起緣滅」、「緣聚則生、緣滅則散」這些話語。這是說，宇宙間一切的事物，皆是由緣而生。故也這麼說「諸法因緣生，諸法因緣滅」，佛教講的「三世因緣」，指人有一期一期的生命，每一期生命的生滅都離不開緣，宇宙間一切人事物時地的形成，不論好壞，必定和緣有關係。當代科學界所說愛因斯坦以來最偉大的科學家，漸凍人科學家史蒂芬．霍金（Stephen W. Hawking），他談宇宙形成從大爆炸開始，亦說偶然因緣生，時間從大爆炸開始。（註②）大爆炸之前沒有時間，所以上帝也沒有時間創造宇宙。霍金等於證明，西方人說的上帝，是一場大騙局。

「藉緣生煩惱」，人的煩惱由緣而來，必有原因、有條件的和合，才產生了煩惱。例如人有「五欲」（財、色、名、食、睡），有「六塵」（色、聲、香、味、觸、法），這些都讓人生起無數煩惱；再加上貪瞋痴三毒，還有貪欲、瞋恨、愚痴、掉舉、疑慮五蓋，全都障礙了我們原本清淨的「本來面目」，不僅讓人失去本來面目，更有無窮煩惱，都是由緣而來。

「藉緣亦生業、藉緣亦生報」，有了因緣，定有業報，這是「因果定律」。造了業就會有報應，報應也是由緣而來的。「無一不有緣」，可以說世間所有人事，沒有那一件能脫離因緣。是故，世間都是關係的存在，如果沒有依存關係，就沒有因緣，什麼都不會發生了。下回聽到有人「搞關係」，不要心生煩惱、反感，人是活在各種關係中的。

諸因緣和合，愚痴分別生；
不知如是法，流轉三界中。

——《入楞伽經》

假如不知、不信因緣法，「愚痴分別生」，種種煩惱都來了，都因「不知如是法」，結果就是「流轉三界中」，在三界裡不停流轉，在六道中無盡的輪迴。

回到〈偶遇〉詩中情境，那「冷鋒過境」也必有因有緣，就算極細微的事故，也會有「天大的後果」，這在科學上叫「蝴蝶效應」，也是因緣，「無一不有緣」。所以，《華文現代詩》這群朋友，能相聚共成一件事，亦是因緣，要愛惜這份因緣。

註　釋

① 鄭雅文，〈偶遇〉，《華文現代詩》第十期（台北：文史哲出版社，二〇一六年八月），頁一三四。

② 史蒂芬・霍金（Stephen W. Hawking），許明賢、吳忠超譯，《時間簡史：從大爆炸到黑洞》（台北：藝文印書館，民國八十五年八月再版五刷）。